peninsulares / especial / 48

PRECISO DE TI

PEDRO STRECHT

PRECISO DE TI

Perturbações Psicossociais em Crianças e Adolescentes

ASSÍRIO & ALVIM

CAPA E PÁGINA 4: FOTOGRAFIA DE PEDRO STRECHT

EDIÇÃO 538, OUTUBRO 1999
ISBN 972-37-0530-3

ÍNDICE

AGRADECIMENTOS

Teresa Ferreira, «Chefe», pelo trabalho de supervisão, por tudo o que me tem ensinado

Joana Fornelos, por todo o carinho

Teresa Franco, pois sem ela uma história das que aqui se contam não teria um final mais feliz

Conceição Rolo e Maria Manuela Picciochi, pela colaboração nos inquéritos a alunos das escolas

Ilda Barata Silvério, pela leitura e comentários

Rosa Ruela, prima, com um beijinho, pelas tuas sugestões

Ana Paula Costa, obrigado pela crítica

Richard Rollinson, o mais forte ponto de ligação profissional a Inglaterra

Daniel Sampaio, pela amizade e encorajamento

Peter Wilson, muito obrigado pela colaboração e apoio

José Afonso Pimentel, pelo texto sobre o «Adeus Pai»

João Pacheco e Valter Vinagre, pelas ideias para a capa

Adultos e Crianças da Cooperativa «A Torre», porque gosto muito de vocês

Associação «Questão de Equilíbrio», Paula e Ricardo Martinez, pelo exemplo

Chapitô, Escola Técnico-Profissional de Artes e Ofícios e Equipa do Colégio da Bela Vista, obrigado pelo que me permitiram conhecer

Equipa da «Casa da Praia», claro

Todas as Crianças, Adolescentes e Famílias que conheci em consulta, este livro é vosso

Família e outros amigos do dia a dia, porque sem vocês, nada

Assírio & Alvim, obrigado por mais esta edição

PREFÁCIO

Pedi a Peter Wilson para escrever o prefácio deste livro.

Conheci-o em Londres, durante algumas visitas de trabalho, e foi o interesse mútuo por áreas de intervenção psicossocial que proporcionou esta colaboração.

Peter Wilson teve formação, como psicoterapeuta infantil, no Anna Freud Centre. Trabalhou em clínicas de Child Guidance no sul de Londres e foi Senior Clinical Tutor no Institute of Psychiatry e no departamento infantil do Maudsley Hospital. Em 1984 tornou-se director do Brandon Centre e foi consultor de Peper Harrow, uma comunidade terapêutica para adolescentes. Desde 1992 que é director da Young Minds, uma associação nacional para promoção e intervenção em saúde mental infantil e juvenil. Tem inúmeros trabalhos publicados em revistas da especialidade, e participa regularmente como autor de vários livros. Destacam-se as crescentes contribuições em «Children & Violence» (*Report of the Comission on Children and Violence convened by the Gulbenkian Foundation*), 1996, e *The Handbook of Child & Adolescent Psychotherapy* (*Psychoanalytic Approaches*), 1999.

Apresentamos o texto na sua versão original e, depois, em português, com tradução livre de Ana Paula Mota.

There are numerous questions that rise to the surface as we head towards the next millenium — questions about our identities, our aspirations, our achievements. All have significance as we look forward to our future — none more so than those that take into account our treatment of children and the fundamental relantionship between child and adult. Virtually every personality and development theory and philosophical and religious system testify to the crucial importance of children's experience on the development of later life. Set against a history of childhood that, to use DeMause's phrase, "has been a nightmare from which we have only recently begun to awake" (Lloyd DeMause 1974), a key and recurrent question must be: how are we looking after our children and those who look after them?

There is much that has occurred during the course of this last century that can give us cause for celebration. We have come to know, perhaps more thoroughly and systematically than ever before, the nature of childhood experience and its extraordinary developmental potential. Substantial advances in child psychology, psychoanalysis, neurophysiology and biology have given us an increasing awareness of the stages and processes of human psychological development, to the point now where we can see evermore clearly the importance of early mother/infant relationships. We know above all, through sound scientific evidence and much clinical experience, the necessity to cultivate within children a basic sense of trust and safety through secure attachments and susteined parental containment. We know too, quite comprehensively, the circumstances that are likely to affect, for better or for worse, the outcomes of children's mental health in later life. We understand more about the genetic, developmental, temperamental factors inherent in the child that can lead to later difficulties; and we can now see more clearly the likelihood of emotional disturbance in children who are exposed to family breakdown and who are subjected to inconsistencies, hostilities and abuse in their familiy relationships too. We know perfectly well the environmental risk factors, such as socioeconomic disadvantage, homelessness, and neighbourhoods with little sense of community or coherence.

There is no place anymore for claims that we do not have sufficient evidence to know what it takes to make a mentally strong, creative and well functioning human being.

And yet, despite all this, we continue to face levels of suffering and desolation in children's lives which are so horrifying and destructive as to be baffling. Despite all that we have learnt of children's needs — for safety, continuity, boundary and affirmation — we nevertheless witness, in a seemingly perverse disregard of everything we know, persistent evidence that children are in fact not being treated with the understanding or respect that they deserve. Despite the major political advances of the United Nation Convention on the Rights of the Child, ratified by the majority of nations — upholding the rights of children to survive and develop and be protected from all forms of abuse — we carry on witnessing continuing maltreatment, physical, sexual and emotional. A recent study carried out in England (M.Smith, 1995) based on interviewing 400 randomly selected families found that 15% of children in the previous year had received "severe punishment", that is with "the intention or potential to cause injury or psychological damage, use of implements, repeated actions over a long period of time". We have had for some time an increasingly clear idea of the prevalence of sexual abuse amongst children (Smith and Bentovim, 1994). It is estimated between 15 and 30 per cent of women have been subjected to an unwanted experience of sexual contact at some time during their childhood. A recent survey carried out in the USA estimates that the total number of children reported abused or neglected actually increased 41% from 1988 to 1997. There are many other surveys which gave us accumulating evidence of the extent of adult attacks on children. Children in other words carry on "being put in their place" in no uncertain terms, and their needs simply overlooked and untended.

It is this extraordinary and unpalatable fact that forms the stimulus for this book. Its focus is clearly on the social and political context in Portugal, and amongst its central concerns are the impact on children of poverty, of changes in family structure as well as the effects of current policies in education, health, social welfare and youth justice. These matters are clearly of national concern but it is important to emphasise that Portugal is not alone in facing and dealing with these problems. The findings of Rutter and Smith's seminal work on psychosocial disorders in young people, that gives a dispassionate overview of trends in Europe over the last 50 years, highlights substantial increases in major psychosocial disorders in children and young people since the Second World War, in particular juvenile crime, drug and alcohol abuse, depressive disorders and suicide. They suggest a number for major causes of such increases. Poverty of course plays its part, but more particularly so do inequalities of wealth accompained by increased individualism and rising expectations that cannot be easily met. They also emphasis the importance of increasing levels of family discord and breakdown and a youth population becoming more isolated from other generations. These trends are disturbing and call for greater care in ensuring that adequate education, social welfare and youth justice systems are in place to meet the needs of those children who are the most vulnerable.

In this important book, Pedro Strecht raises serious questions about the performance of such systems in Portugal e.g. whether there is adequate time and skill in child mental health teams to attend properly to children, whether schools are sufficiently safe and well resourced places in which to deal with those with emotional and behavioural problems. Through his many clinical illustrations, the information that he has gained from questionnaires and observational material, he draws on his psychodinamic understanding and extensive experience to throw a great deal of light on the plight of children in today's society.

The titles of the chapters of his book are vivid and give us a clear guide to the breadth of the problem. He shows us for example that there are many children who live in "the lost side of love", their "innocence" "massacred" by their experiences, without guidance or direction from fathers, most essentially alone, in danger, unheard and struggling to "survive". In all of its chapters, the book demands of us that we listen to these children, that we reflect on their predicament and that we help them to make sense of their existence. It is a book that requires us to look beyond the violence and often chaotic frenzy of their behaviour and touch, through our minds and our hearts, something of the despair and fear that envelopes their lives. However tough or resilient some of these children may be, and whatever mediating circumstances there may be for a few, there is a wearisome sense of failure facing these children. How is a boy such as Bruno (referred to in Chapter 1), for example, ever expected to produce of his best as a growing child and adolescent to make the most of his talents and curiosity to learn, to relate readily to others and to build the fundamentals of responsible citizenship, when his early life has been so damaged by the alcoholism of his mother, the abuse of his step-father, the abandonment of his father, and with little else in widen his community to provide him with a sense of containment? Can it be any surprise that he should enter into a delinquent life, that he should express his anger and frustration in less than "acceptable" ways, that he should run away to seek something better or flee from whatever he could not bear? Is it to be unexpected that society's all too often punitive response does little but to add salt to the wound? There is much in this book that addresses the desperate predicament of many children very similar to that of Bruno. It is a hard and desolate predicament that lies at the centre of the grave problem of delinquency and poor mental health in children that Portugal and many countries face today.

The simplicity of the title of this book carries with it its own special impact. This is a book essentially about unmet need. Children need mothers, fathers, relatives, teachers, therapists, to care. In turn, all of these need communities, neighbourhoods, local and national governments, to take heed and ensure adequate provision. The growing recognition of these needs expressed so well in this book brings with it its own sense of hope and new possibility.

Peter Wilson
Director of Young Minds

São muitas as questões que se levantam à medida que nos aproximamos do próximo milénio: questões sobre a nossa identidade, as nossas aspirações e realizações. Todas elas são importantes para perspectivarmos o futuro, mas as mais importantes são as que têm a ver com a forma como cuidamos das crianças e com a relação fundamental entre as crianças e os adultos.

Quase todas as teorias da personalidade e do desenvolvimento, bem como os sistemas filosóficos e religiosos afirmam a importância crucial das experiências da infância na vida adulta. Tendo em conta uma infância que, para usar a frase de DeMause, «tem sido um pesadelo de que só há pouco tempo começamos a acordar» (Lloyd DeMause, 1974), surge, inevitavelmente, uma questão fundamental e recorrente: como será que estamos a cuidar dos nossos filhos, e daqueles que cuidam deles?

Temos razões para nos regozijarmos com muito do que alcançámos ao longo deste século. Talvez mais exaustiva e sistematicamente que nunca, ficámos a conhecer a natureza da experiência da infância, e as suas extraordinárias potencialidades de desenvolvimento. Os progressos alcançados nas áreas da psicologia infantil, psicanálise, neurofisiologia e biologia, trouxeram-nos um conhecimento cada vez mais aprofundado das fases e dos processos do desenvolvimento psicológico humano, ao ponto de conseguirmos apreender com uma clareza crescente a importância da relação mãe-bebé logo desde o seu início. Com base em provas científicas consistentes e em muita experiência clínica, adquirimos a consciência clara da necessidade de cultivar nas crianças um sentimento fundamental de confiança e segurança, através de vinculações seguras e de uma eficaz contensão parental. Em larga medida, conhecemos também as circunstâncias que podem afectar, positiva ou negativamente, a saúde mental de uma criança e todo o seu desenvolvimento posterior. Sabemos muito mais sobre os factores genéticos, constitucionais e de temperamento, que podem mais tarde originar dificuldades. E podemos discernir muito mais claramente sobre o risco de perturbação emocional de crianças expostas a padrões de desintegração familiar, ou sujeitas a incoerências, hostilidade e mesmo maus tratos nas suas relações nucleares. Também conhecemos perfeitamente os factores de risco relacionados com o meio, como as desvantagens sócio-económicas, a falta de condicões habitacionais, ou sistemas onde a noção de comunidade ou coesão é diminuta.

Já não nos podemos queixar de não existirem provas suficientes para saber o que é preciso para formar um ser humano mentalmente forte, funcional e criativo.

Apesar de tudo, na vida de muitas crianças, continuamos a deparar--nos com níveis de sofrimento e desolação tão terríveis e destrutivos que nos deixam perplexos. Não obstante tudo o que aprendemos sobre as necessidades das crianças — segurança, continuidade, limites, necessidade de afirmação — assistimos a uma indiferença aparentemente perversa em relação ao conhecimento actual e a demonstrações constantes de que as crianças não estão, de facto, a ser tratadas com a compreensão e o respeito que merecem. Apesar dos importantes progressos políticos consagrados na Convenção das Nações Unidas, ratificada pela maior parte dos países, e em que se afirmam direitos das crianças como o da sobrevivência, do desenvolvimento e protecção contra todas as formas de maus tratos, continuamos a assistir a repetidas situações de abusos emocionais, físicos e sexuais.

Um estudo recentemente realizado em Inglaterra (M. Smtih, 1995), com base em entrevistas feitas a quatrocentas famílias seleccionadas aleatoriamente, revelou que, no ano imediatamente anterior, 15% das crianças tinham sido objecto de «castigos severos», isto é, com «intenção ou a possibilidade de causarem dano físico ou psicológico, repetidos durante um período de tempo prolongado». Também há já algum tempo que temos uma ideia cada vez mais nítida dos números relativos ao abuso sexual de crianças (Smith and Bentovim, 1994). Por exemplo, calcula-se que, num dado momento da sua infância, 15 a 30% das mulheres adultas tenham sido sujeitas a uma experiência não desejada de contacto sexual. Outro estudo recente estima que, nos Estados Unidos da América, o número total de crianças vítimas de maus tratos ou negligência, aumentou 41% entre 1988 e 1997. Muitos outros estudos fornecem-nos cada vez mais provas da extensão da violência exercida pelos adultos sobre as crianças. Por outras palavras, as crianças continuam a ver as suas necessidades simplesmente ignoradas e insatisfeitas.

É esta triste realidade que está na génese deste livro, que enfatiza a especificidade destes problemas no actual contexto social e político português. Entre as principais preocupações contam-se o impacto nas crianças das situações de pobreza, das alterações da estrutura familiar, e os efeitos das actuais políticas de educação, justiça, saúde e segurança social.

Estas questões são claramente do foro nacional; mas é importante sublinhar que Portugal não é o único país que defronta estes problemas. Os resultados de trabalhos fundamentais, como os de Rutter e Smith, sobre as perturbações psicossociais de crianças e adolescentes, dão-nos uma visão geral e desapaixonada das tendências verificadas na Europa nos últimos 50 anos, e revelam aumentos substanciais deste tipo de patologia desde a segunda guerra mundial, sobretudo de situações como delinquência juvenil, abuso de drogas e de álcool, depressões e suicídio. Rutter e Smith apontam várias causas para esses aumentos. A pobreza é, naturalmente, uma delas; mas, igualmente relevantes são as desigualdades sociais, um maior individualismo das pessoas com expectativas elevadas, impossíveis de alcançar. Os mesmos autores sublinham também a importância dos níveis cada vez mais elevados de tensão e desintegração familiar, bem como do maior isolamento social da população jovem em relação às outras gerações. Estas tendências são preocupantes e requerem um maior cuidado na disponibilização de sistemas de educação, justiça, saúde e segurança social, que respondam eficazmente às necessidades das crianças mais vulneráveis.

Neste importante livro, Pedro Strecht levanta questões sobre a eficácia desses sistemas em Portugal. Por exemplo, dispõem as equipas de saúde mental infantil e juvenil do tempo e das competências necessárias para tratar adequadamente as crianças e adolescentes? Serão as escolas locais suficientemente seguros e com os recursos indispensáveis para fazer face ao peso de tantas perturbações emocionais e comportamentais? Baseando-se em numerosos exemplos clínicos, bem como na informação que obteve através de observações e estudos, Pedro Strecht recorre à sua compreensão psicodinâmica para lançar luz sobre a compreensão destas dificuldades das crianças na sociedade de hoje.

Os títulos dos capítulos são sugestivos e dão-nos uma ideia clara da extensão do problema. Por exemplo, Pedro Strecht mostra-nos que existem ainda muitas crianças que vivem no «lado perdido do amor», com a sua «inocência massacrada» pelo seu tipo de experiências relacionais, sem qualquer intervenção protectora dos pais, a maior parte delas basicamente sós, em risco, sem serem ouvidas, e apenas lutando para «sobreviver». Em todos os capítulos, o livro pede-nos que ouçamos essas crianças e adolescentes, que reflictamos sobre o seu sofrimento, e que as ajudemos a dar um sentido à sua vida. Pede-nos que, com os nossos corações e as nossas mentes, vejamos para lá da violência e do caos expressos nos seus comportamentos, para reconhecermos o medo e o desespero em que estão mergulhadas.

Como pode esperar-se que uma criança como o Bruno (referido no capítulo 1) revele as suas melhores potencialidades como criança e adolescente, aproveitando ao máximo a sua capacidade de base, relacionando-se saudavelmente com os outros, apreendendo os elementos básicos de uma cidadania responsável, quando a sua infância foi completamente destruída pelo alcoolismo da mãe, pelos maus tratos do padrasto, pelo abandono do pai, e quando a comunidade que o envolvia foi praticamente incapaz de lhe proporcionar um sentimento de protecção e contensão? Surpreende que tivesse enveredado por um caminho de delinquência, que exprimiu a sua revolta e frustração de formas tidas como «não aceitáveis»? E que tivesse fugido em busca de algo melhor do que não conseguia suportar? Será inesperado que a resposta da sociedade, ainda tantas vezes exclusivamente punitiva, pouco mais tivesse feito que «pôr sal na ferida»? Este livro aborda situações desesperadas de muitas mais crianças e adolescentes com infâncias semelhantes à do Bruno. São estas situações penosas e desoladoras que estão na origem dos graves problemas de saúde mental que Portugal e muitos outros países enfrentam.

A simplicidade do título deste livro tem também um impacto especial. Trata-se essencialmente, de um livro sobre necessidades não satisfeitas. As crianças e os adolescentes precisam que as mães, os pais, os familiares, os professores, os profissionais de saúde, se importem com elas. Por sua vez, todos estes e outros elementos precisam que as comunidades, as autarquias, o governo central, lhes dêem atenção e forneçam as estruturas adequadas. O crescente reconhecimento destas necessidades, que este livro tão bem exprime, traz consigo um sentimento de esperança renovada.

Peter Wilson
Director da «Young Minds»

Referências Bibliográficas:

DE MAUSE, L. (ed) (1974). *The History of Childhood.* Bellew.

RUTTER, M. e SMITH, D. (1995). *Psychosocial Disorders in Young People.* Wiley.

SMITH, D. e BENTONVIM, A. (1995). *Sexual Abuse. «Child Psychiatry: Modern Approaches».* Ed. Rutter, M. and Hersov, L. Blackwell.

WANG, C.T. e DARO, D. (1998). *Current Trends in Child Abuse Reporting and Fatalities: the results of the 1997 Annual Fifty State Survey*, Chicago, National Committee to Prevent Child Abus

INTRODUÇÃO

PRECISO DE TI

A vida nem sempre é justa. As crianças não nascem iguais em direitos. Mas não podemos desistir de contrariar uma certa ordem das coisas, bater à porta do coração e perguntar sem medo: pode-se entrar? Indignarmo-nos sempre que for preciso. Lutar.

O mundo que queria aqui era não só a alegria da vida ou a sorte de ter pais, o que queria aqui era a mudança de alguns solos, as cores inflamadas das bocas sem voz, dos olhos sem vista. Letras de mãos dadas a escreverem destinos de mais harmonia. Preciso de ti.

Este é um livro sobre perturbações psicossociais em crianças e adolescentes. É feito de histórias de muitos que viveram perdidos o tempo da infância. Nunca crianças, ainda crianças, dir-se-ia. Por isso, transporta dor, desamparo, perda, confusão, escuro, revolta. Mas nas mesmas linhas existe simplicidade, humildade, grandeza, coragem, lições de vida que todas estas vidas ensinam. O lado em todos nós tocado para que ninguém continue indiferente.

As últimas décadas trouxeram mudanças muito importantes no que se pode oferecer durante o tempo de desenvolvimento infantil. Umas boas, outras más. Contudo, do ponto de vista psíquico, assistimos a um aumento das situações de sofrimento que traduzem as falhas dos adultos e da sociedade em ajudar a crescer saudavelmente as suas crianças e adolescentes. São as perturbações das organizações sociais e familiares que condicionam cada vez mais organizações individuais de risco. O resultado final é a imagem em espelho disso mesmo: as crianças e os adolescentes passaram a fazer das suas relações com a família, a escola, a rua, a forma de exteriorização do seu mal-estar.

As dificuldades internas deixaram de estar confinadas ao próprio. Tornaram-se exteriormente visíveis. A todos incomodam. Fazem notícia de abertura em jornais e na televisão. Motivam encontros de professores, médicos, psicólogos, estão na ordem do dia do debate jurídico e social. Já a ninguém escapa o aumento da delinquência infantil, da criminalidade juvenil, os imparáveis comportamentos disruptivos nas salas de aula, os índices elevados de abandono escolar, a mendicidade e vadiagem, as imagens da prostituição adolescente, a escalada de consumos precoces de substâncias tóxicas como o álcool, tabaco e drogas leves ou duras.

Ainda bem. A sério. É que, ironicamente, esta expressão patológica contém em si mesmo a eficácia de um S.O.S., num apelo para todos de valer a pena parar para pensar. Por isso, este livro é também um convite a uma reflexão mais forte sobre as raízes dos problemas, numa expressão de esperança dos que esquecemos, da força dos que ignoramos, das vozes que chamam: Preciso de ti.

É grande a complexidade na compreensão e acção perante as perturbações psicossociais de crianças e adolescentes. Por isso, este livro não é um guia, não produz receitas. Fala de um trabalho possível numa área onde cada vez mais quem trabalha depende dos outros.

Com a certeza da necessidade futura de melhorar a intervenção nas áreas da saúde, educação, justiça e segurança social. Por uma melhor prevenção e um melhor tratamento. Com a ideia de que não é fácil, custa dinheiro e implica vontade política. Mas com a certeza de que sai mais barato e é mais eficaz do que continuar a sobrelotar instituições, encher prisões, recuperar toxicodependentes, internar doentes mentais, tratar grupos de HIV positivos, destacar mais polícias para escolas e bairros, assistir ao doloroso espectáculo da rua pejada de mendigos, prostitutas ou gente de ninguém.

Cada criança contém em si mesma o potencial inato de vir a ter múltiplas evoluções possíveis; depende de nós. A compreensão psicodinâmica da psiquiatria da infância e adolescência, embora de forma não exclusiva, pode dar um valioso contributo para a compreensão de factores claramente promotores do bem-estar individual e social. De igual forma, permite tornar mais claras situações de risco responsáveis por descalabros humanos. Assim, este livro contém inevitavelmente o desejo de poder contribuir para a construção de pessoas e sociedades mais justas, fraternas e saudáveis.

Pelo regresso da amizade, da solidariedade, do humanismo. Pelo regresso do espiritualismo, num tempo de escalada da informação global, do triunfo do virtual sobre o real, das sensações contra as emoções, do ter a ofuscar o ser. Pelo regresso do amor. Pelo século de ouro da infância.

Todos podem fazer qualquer coisa. Mas é preciso querer. Não esquecer.

Lembra-te de mim, parecem eles dizer.

As ruas podem mudar, mas estou lá. Lembra-te. Puxa o Sol para perto, ilumina todos os silêncios. De mim, de mim. Lembra-te, lembras? Passa um «spot» televisivo em horário nobre. Faz qualquer coisa por mim. Que não esqueçam. Estou aqui. Acende uma vela à tua janela se faltar alguém. Sou eu. Jura. Toca todos os sinos a rebate.

Ainda tenho o mesmo sorriso, parecem eles dizer. Preciso de ti.

À PROCURA DO FUTURO

Lisboa, Chelas, Zona N2.

No decurso de um trabalho de supervisão a uma equipa de diferentes técnicos que há anos trabalham no terreno com crianças e adolescentes, tomo novamente contacto com uma realidade de um amanhã consecutivamente adiado, com repercussões inevitáveis nas gerações seguintes.

«Não vale a pena pensar no futuro», dizem estes miúdos a quem os conhece.

E ouço mais histórias de um meritório trabalho de intervenção, interrompido várias vezes por falta de apoios. Crianças e adolescentes à espera de colocação institucional urgente a seu pedido e da família, que recebem a chamada anos depois quando, por exemplo, já estão a cumprir penas por delitos relacionados com consumo e tráfico de drogas. Outros que iniciam cursos de formação técnico-profissional, resposta única para uma eficaz resposta à sua desinserção escolar, e que subitamente cessam porque há suspensão de verbas.

Revisito esta parte da cidade onde prédios gigantes esmagam a perspectiva de horizonte, enquanto pergunto que homens sem rosto deixaram que isto fosse assim feito? Ninguém pode esperar muito quando se dá tão pouco... Escuto da vida daquele rapaz de 16 anos que esteve envolvido num crime no Alentejo. Era daqui, sabia-se. Viram-no crescer, conhecia-se o que tinha sido a sua vida, as impressionantes queixas de comportamento que claramente tinha dado no seu percurso escolar, e não se pôde ou não se quis intervir.

Nas zonas mais dramáticas de Chelas quase não há árvores. É pena. As árvores sempre deixam cair as folhas com dignidade e confiança, bem podiam ser uma ajuda. Penso então com saudade nos herbários que nos ensinavam a fazer na escola primária.

Aveiro, Bairro de São Tiago.

Uma escola fecha durante um dia para que possamos pensar sobre as dificuldades de aprendizagem e comportamento de uma população de mais de mil alunos. «Escola-modelo» até há anos atrás, viu-se agora a braços com um número de graves problemas que crescem na exacta proporção da criação deste bairro de realojamento camarário sem que, aparentemente, as consequências pudessem ter sido avaliadas.

A beleza de materiais não custa dinheiro, a sobriedade, o gosto e o respeito também não e, sobretudo, a luz da compaixão não precisa de ligação à rede. É claro que sem política do exterior há pouco que esperar do interior.

Como exemplo, ouço então histórias do Fernando, 12 anos, e dos exagerados consumos de álcool que faz para «esquecer os problemas» de um pai distante e de uma mãe que permite que o actual companheiro maltrate o filho.

Quase um ano depois foi notícia de jornal o facto de três rapazes deste bairro, entre os 10 e os 14 anos, terem regado com gasolina e incendiado um outro de 13, que resistiu a ser sexualmente abusado. Surpresa?

Porto, Bairro do Aleixo.

O Manuel deu-me uma ameixa.

O Manuel disse-me que tinha 10 anos e conheci-o pendurado numa árvore ao fundo de um quintal. Estava a tirar ameixas com outro rapaz, saco aberto, vigiando e preparava-se para fugir quando reparei nele.

«Não vou à escola porque não gosto. Gosto mais de andar por aqui...» Diz-me que mora no bairro do Aleixo com os irmãos e uma avó, «você conhece?»

As semelhanças entre o Manuel e a ameixa que me deixou eram muitas. Ambos caíram da árvore demasiado cedo, e verdes ficaram desamparadas à mão de quem os pudesse agarrar. Guardei comigo a ameixa o maior tempo que pude; transportei-a no bolso para a mostrar num congresso sobre inclusão escolar e experiências educativas alternativas. Acharam graça, terão percebido?

Ao fim de algum tempo a ameixa piorou de aspecto; tornou-se rugosa, perdeu brilho, esqueceu as cores. Achei difícil congelá-la; no dia seguinte deixei de a ver, calculo que alguém a tenha deitado no lixo.

Setúbal, Bairro da Belavista.

Num final de semana sigo por Setúbal na carrinha da Associação Questão de Equilíbrio. É o seu director que faz a distribuição casa-a--casa de algumas crianças e adolescentes que pediram para visitar o que resta das suas famílias. Pelo meio de uma extensão enorme de densos bairros camarários de realojamento, encontramos a casa de Alberto, 12 anos, que num pequeno espaço de uma assoalhada vive com mais quatro pessoas. Depois, um dos rapazes sentado à frente entre o condutor e eu, pergunta-me sobre a música que a rádio está a dar:

«Conhece a letra desta?»

«Conheço.»

Chama-se «*Can't help myself.*»

Não posso com tanta ironia!

Lisboa, Casal Ventoso.

Observo um rapaz de 10 anos que nos é enviado à consulta da Casa da Praia por dificuldades escolares. Trafica-se na família e a casa era ponto de encontro. O pai desapareceu literalmente nos últimos tempos e falo disso com o Ricardo. Uma das palavras que escreve para comentar um desenho em que representa a fronteira entre o Casal de Cima e o de Baixo, leio «uga».

«Que quer isso dizer?»

«Uga é a palavra que a gente diz quando a bófia lá vem.»

Dizem que a Bíblia nos dá 7474 boas promessas, e julgo que às vezes gostaria de acreditar noutras tantas para poder remediar algumas destas situações, mesmo que isso parecesse tão deslocado como ficção científica ou tão ilusório como magia negra.

Lisboa, Ajuda.

À Casa da Praia chegam mais três pedidos de intervenção feitos por escolas próximas.

O primeiro fala de uma criança de 7 anos, que vive com mais três irmãos e os pais numa carrinha abandonada. Não vai à escola.

O segundo fala de uma criança de 10 anos que a mãe põe na mendicidade, arrumando carros. Não pode ir à escola.

O terceiro fala de um rapaz de 12 anos que a mãe abandonou há dez anos. O pai morreu na cadeia; era toxicodependente e suicidou-se. O Ricardo vive com uma bisavó de quase oitenta anos, e tem por companhia um bando de outros rapazes mais velhos, pré-delinquentes. Não quer ir à escola.

Somos todos do tempo em que muitas crianças não sabem ou não podem fazer um desenho da família. Ou então dizem, «família, qual família?», ou «a minha família é este gato», porque o resto, de verdade, não existe ou se existe era quase melhor que não existisse.

O Fábio é um menino de 9 anos do bairro 2 de Maio que todos se habituaram a denegrir e desvalorizar. Quando se perguntou quem afinal gostaria da criança, a mãe respondeu «uma avó do Minho que já morreu». O pai do Fábio também já morreu há dois anos, vítima de Sida. O Fábio é frequentemente alvo das projecções negativas da própria mãe, que assim descarrega sobre ele uma enorme agressividade de difícil controle.

As condições habitacionais são de pobreza extrema. O Fábio tem um enorme absentismo escolar; sucessivas vezes são técnicos de um projecto de intervenção local que o vão buscar à rua para o levarem à escola. É habitualmente encontrado no bairro sem o mínimo de roupa vestida que o proteja de condições climatéricas adversas. É visto na presença de grupos de marginais, existindo a suspeita de estar a ser aliciado para transporte e venda de tóxicos.

O Fábio mantém ainda um tom de esperança no seu funcionamento, pedindo ajuda repetidas vezes:

«Queria viver noutro sítio… Queria sossego, andar limpo, mudar de vida, assim já estou cansado.»

Portalegre, Bairro dos Assentos.

A pedido de um grupo de alunos, visito uma escola secundária que lida com um aumento crescente, embora não alarmante, de situações de marginalidade e consumo de drogas. Ouço-os apresentarem os seus trabalhos e da forma como falam da «árvore da droga», local onde se reúnem os seus colegas para consumir e traficar.

Recordo uma música de uma cantora norte-americana cuja letra perguntava «para onde vão os corações partidos?» Os dos bons meninos para o céu, os dos maus para todo o lado, rezava um dito antigo.

Pensei que deitar a árvore abaixo não era solução. E apeteceu-me falar da importância de alguém se ir lá deitar por baixo, gozando de uma refrescante sombra e, como Newton, aguardar a queda de uma maçã que genialmente trouxesse a ideia de qualquer coisa revolucionária.

Ou então que lá plantassem flores. Mimosas. E que as regassem todos os dias.

Madeira, Funchal.

Conheço várias crianças e adolescentes que vindas de zona muito carenciadas necessitaram de uma colocação residencial no Centro Polivalente por impossibilidade prática das suas famílias se organizarem para lhes oferecerem o mínimo que elas precisavam ou esperavam. Apresentam-me como um senhor doutor que vem do continente. Em alturas diferentes duas delas fazem a mesma pergunta quando ouvem dizer que o meu trabalho é falar com crianças:

«Ricas ou pobres, senhor?»

«Rapazes e raparigas como vocês...»

Caldas da Rainha, em dedicatória a um rapaz desconhecido.

Eu sei que não me conheces, e isso é mesmo assim, mas quero contar esta tua história como sendo única, a melhor, e ela é tão só sobre a vela do bolo de chocolate, que quiseste trincar para pedir um desejo, no dia do teu décimo quarto aniversário, o primeiro a ser comemorado. Um desejo que fosse bom, era o que pedias. E tu, que nunca tiveste nada, ou então o que tiveste foi sempre amargo, espero bem que o tenhas recebido, que a sorte tenha sido generosa, tal como foi a professora que nesse dia da escola se lembrou de ti (porque se não fosse ela não haveria novamente mais ninguém).

Sei isto da tua vida, outras pequenas coisas que a justificam, o teu nome que aqui não posso escrever e, porque mo disseram, sei também de uns expressivos olhos muito fáceis de reparar. Por ti, faria como alguém fez aqui não longe de minha casa: iluminaria uma praia inteira para se poder andar por lá toda a noite, entre um baço nevoeiro de néon.

À tua professora e, claro está, a ti, deixo esta frase: pode-se levar anos a esquecer alguém que nem se quer se conheceu.

GRAFITTIS (A NOSSA VOZ)

Malmequer. Bem-me-quer. Muito. Pouco. Nada.

Lena love João. Kikas. O teu olhar já não poisa em mim.

Rosa 100% Pura. Don't speak for love.

Amor de Mãe. Márcio. Nirvana.

Porque tu, enfim, importas-me. *Puto China.*

No Fear. Nino Alfama. Indigna nação. Tirem-me daqui! Carlos.

Viva a Liberdade.

Malmequer. Bem-me-quer. Muito. Pouco. Nada. Malmequer. Bem-me-quer. Muito. Pouco.

Amo-te Luís, Sílvia. Aconselho-vos o amor.

Hugo não gosta da Andreia. Ricardo + Hugo love Andreia.

«Doce como mel
Vermelha como cereja
É a boca do Bruno
Assim que me beija».

A vida é uma passagem para a morte. Estou louco. Quero sair daqui! Ass: Marco.

A Mãe da Lena vende o corpo. Nelson é filho da puta.

Fábio 200% puto. Tiago 100% nervoso. The only way out is the only up.

Pai nosso que estais no Céu. *Sé zone.*

O Paulo é rabo. O Zé leva de todos. Eat my shit. Fuck you.

Rogai por nós. *Jesus volta: prepara-te. Olá diabinho como vai o inferno?*

Amo-te. Sílvia love love love Dito.

Puto João é beto mimado. Abaixo os betos. Dread zone.

Amor de Mãe. Libertação.

Malmequer. Bem-me-quer. Muito. Pouco. Nada. Malmequer. Bem-me-quer. Muito. Pouco. Nada. Malmequer. Bem-me-quer. Muito.

Without truth you are the looser.

Mário Poupas amor sem fim Vera Santos.

Nada importa, mas tu, de verdade, importas-me.

Viva a Liberdade.

Love. Love. Love.

Adoro-te.

Amo-te. Amo-te. Amo-te.

Há tanta gente que olha, mas quem vos vê?

Largo de São Rafael. Rua de São Miguel. Escadinhas de São Miguel. Beco da Corvinha. Calçadinha da Figueira. Rua Norberto de Araújo. Às voltas com a vida, sempre por onde espreita o sol.

Malmequer. Bem-me-quer.

I Love You.

A PALAVRA AMOR

Estou apaixonado pelo amor, mas tão terrivelmente apaixonado que ponho a palavra em todo o lado, decompondo-a repetidamente em todas as letras com que é escrita, e vejo-a em tudo para onde olho, e noto-a em tudo o que noto, e sinto-a em tudo o que sinto, e deixo-a onde sempre quero, que é invariavelmente naquilo em que preciso para ser feliz, e chamo-lhe nomes baixinho, segredo-lhe suspiros ao ouvido, toco-a enquanto a escrevo nas linhas da mão.

E eu, que não sei bem se acredite ou não em Deus, acredito tanto nela que mesmo se Deus viesse para pôr ali o seu dedo, julgo que ficaria como eu, parado, deslumbrado, tão petrificadamente emocionado que acabaria por perceber que mais nada valeria a pena fazer, pois que assim já estava perfeito. Até que, como um menino (em Deus-menino acredito muito facilmente), rebolaria na areia até ficar croquete, esperaria na praia pela sétima onda para, corado, salgado, lançar ao mar numa garrafa, vidro verde meio baço, tampa cuidadosamente calafetada, uma mensagem em letra mal escrita de espuma de apenas uma palavra: amo tracinho te.

Gosto muito da palavra amor, mas gosto ainda mais daquilo para que ela serve.

CAPÍTULO 1

O LADO PERDIDO DO AMOR

HISTÓRIAS E LIÇÕES DA VIDA DE CRIANÇAS E ADOLESCENTES DE RUA

O RAPAZ DA CAMIONETA

Alguém escreveu, disseram-me, que uma das maiores tristezas do mundo é haver, mais forte que a beleza, a injustiça.

Tanta demora nalgumas vidas e na repetição dos seus dramas minuciosamente escritos em linhas tortas. Tanta demora, amor esquecido, tanto tempo perdido, e depois quem as lê?

— Bruno!

É possível que o meu espanto tenha sido maior que o dele. Um ano e meio depois, voltava a encontrar o rapaz que, subitamente, abandonara as consultas na semana em que fugiu da instituição onde estava a viver em regime de internato. Tinha então pouco mais de 14 anos.

«Eu não me lembro!»

Foi o que me respondeu nesse momento em que nos revimos e olhou com desconfiança para mim, que me acabara de sentar com a mãe à mesa do barraco onde viviam. Mais tarde, dir-me-ia que aqueles poucos segundos lhe pareceram «p'rá aí uns 15 minutos».

«Ah, já sei. Já sei quem você é!» Contou-me depois que, confuso era o sentimento que melhor se adaptava à situação.

Pediu então à mãe para ficarmos os dois a conversar. A mãe saiu, cambaleando sob o efeito do álcool, tinha um aspecto desgrenhado, sujo e parecia de muito mais idade que trinta e quatro anos. Minutos antes estivera a dizer-me:

«Sou uma desgraçada... O Bruno? Já nem sei dele há uns dias... Não quer cá dormir, ameaça bater-me, anda por aí perdido, as pessoas não gostam dele, dizem que ele fuma droga.»

Caminho silenciosamente com o Bruno pela aldeia depois de ele me querer ir mostrar onde estava a viver. Fim de tarde de um começo de Verão, vento norte, frio, sol tímido.

«Por aí não, devo leite nessa loja. É melhor aquele caminho.»

Cruzamo-nos com um velho e um cão e sou eu quem cumprimenta.

«Eu conheço esse, mas aqui não posso levantar os olhos do chão, tenho vergonha.»

Chegámos. Era um sítio de ficar seco de palavras. O local que há quase um ano servia de casa ao Bruno, era um daqueles lugares que ninguém esquece quando vê, onde o limiar da pobreza e da dignidade é tão baixo, que a palavra humilhação teria de ser a escolhida. O que restava de uma carcaça de carrinha abandonada, vidros partidos, bocados de comida, uma esponja imunda onde se deitava, moscas verdes, mau cheiro, mato à volta num sítio ermo de meter dó.

Às vezes, por diferentes razões, há locais difíceis de suportar conhecer, pois protegermo-nos implica um enorme esforço emocional para manter os pés bem assentes do lado de cá.

Rever nestas circunstâncias o Bruno, conhecido na zona pelo «rapaz da camioneta», deixaria em qualquer de nós, uma marca profunda capaz de lembrar fortemente o que se poderia ter feito para evitar que esta situação (e com certeza outras de muito mais crianças e famílias), chegasse a este ponto verdadeiramente extremo.

Para alguns problemas psicossociais de crianças e adolescentes não podemos continuar a chegar atrasados ou a perder por falta de comparência. É que muitas crianças e adolescentes sobrevivem a estas experiências, mas muitas outras seguramente não.

Procuremos agora as palavras mais justas para explicar o inaceitável.

Em Lisboa, assisto à ante-estreia de *Os Mutantes*, um filme belo e comovente de Teresa Villaverde. A algumas dezenas de convites só oito respondemos à chamada. Por que será que continuamos de costas voltadas aos problemas difíceis?

Sentados os dois na mala da carrinha abandonada, falámos frente a frente e recordo ter dito ao Bruno que ele não podia continuar a viver assim e alguma coisa teríamos de pensar fazer.

«Já estive pior.»

E conta-me histórias de um tempo a dormir ao relento num pinhal próximo, num esqueleto de uma carruagem de comboio também convertido em antigo bar, ou nas paragens públicas da camioneta de carreira para a cidade, quando o então companheiro da mãe, também alcoólico, o ameaçava e abusava fisicamente, obrigando-o a fugir para sítio nenhum ou então quando agredia a mãe na sua presença.

«Era só para me provocar reacção e, quando eu respondia e me virava a ele, vinha e batia-me».

Fugia também de abusos sexuais de que era vítima pelo mesmo homem que também o obrigava a presenciar relações com a mãe, factos sobre os quais só muito posteriormente conversámos. Durante essas fugas, e para ganhar algum dinheiro, chegou a arrumar carros. Era então uma criança de pouco mais de 10 anos de idade.

Pergunto-lhe agora o que gostava mais de mudar.

«Tanta coisa, é difícil... Queria uma casa, trabalhar, não sei... À escola não quero voltar, já não atinava com aquilo... Não sei, é difícil dizer. Precisava era de comida, alguma roupa.»

Percebo então que o nosso anterior encontro em casa da mãe tivera como causalidade um pão que procurava para comer como primeiro alimento do dia, eram quase cinco da tarde. Várias vezes, em muitos dias, não havia que comer e o Bruno era agora um adolescente franzino, de aspecto descuidado, longe do ar que tinha quando o conhecera em consulta e vivia na instituição de Lisboa. Era ele que cortava o cabelo, roía ou raspava as unhas das mãos e pés para não crescerem. Mesmo durante muito tempo manteve dificuldade em aceitar a regularidade de refeições que depois foi possível organizar com a previsibilidade normal de um pequeno-almoço, almoço e jantar.

«É que tenho medo de me habituar», dizia.

Mas, um ano e meio depois, e após vários contactos sem resposta, aí estava encontrado o rapaz que fugira sem dizer nada, aparentemente espantando as pessoas com um acto «sem sentido». Sobre ele restava ainda um recado, no meu gravador de chamadas, meses depois, uma voz irreconhecível, como quem lança ou deixa um sinal à deriva à espera de ser codificado:

«É por causa do Bruno. Era para ver se podia fazer alguma coisa por ele.»

Quanto ao mais, foram infrutíferas cartas enviadas para a sua direcção, relatórios para tribunal de menores alertando para a situação, visitas domiciliárias tentadas...

Quando imagino o que teria levado a não desistir de o encontrar, penso numa série de factores prováveis, já que neste campo as coisas (quase) nunca acontecem por acaso. Ou melhor, o acaso é possivelmente sempre função de um inconsciente psíquico que persiste intemporalmente em actividade de ligação.

Mas talvez algumas razões possíveis sejam aquelas que fizeram do Bruno um adolescente que ninguém quis lembrar — a fava do bolo-rei — embora sejam estes os que deveriam ser mais procurados e conhecidos, e não tão-só imaginados num falso esquecimento. Os seus nomes, datas, vidas, tudo recordado contra a incógnita dos seus dias passados.

Às vezes, de regresso das visitas, deixava correr uma música bonita que enchia os ouvidos de emoções fortemente tranquilas. Recordo ouvir um «Salve Regina» de Leonardo Leo a par de palavras de um poeta:

Há calma com vento que vem quente enquanto não vens.

CRISÂNTEMOS

O Bruno foi trazido à consulta a pedido da psicóloga da instituição onde estava, em regime de internato. Nessa altura, tinha 13 anos, frequentava o 7.º ano de escolaridade e apresentava muitos problemas de comportamento, sobretudo de agressividade, furtos e fugas.

Apesar de ser considerado um rapaz esperto, tinha manifestas dificuldades escolares ligadas a um grande absentismo «intramuros», ou seja, estando na escola não ia às aulas. Esse era também um problema que preocupava muito quem o conhecia, ao qual ele próprio respondia:

«Não sei, não sei o que é. É cá dentro. Não consigo ir…».

Descreviam-me ainda um rapaz desmotivado, triste e isolado pois não conseguia facilmente estabelecer relação com os adultos e outros rapazes e raparigas. Várias vezes chorava e quando lhe perguntavam o que era, respondia:

«Não, não é nada», ou «É a minha mãe que passa mal.»

Esta era a segunda instituição que frequentava. Na primeira fora colocado aos 12 anos, através do Instituto de Reinserção Social. Os furtos e pequenos delitos que praticara tinham sido motivo para ser dado como «menor infractor». Como a situação sociofamiliar era de risco, essa colocação foi rapidamente decidida e o Bruno foi então para um dos colégios que mais acumula situações consideradas graves.

«Lembro-me de me virem buscar a casa. Não gostei. Fui num carro da polícia. Onde me puseram, aquilo, era mau até para mim… Fugi de lá muitas vezes. Por exemplo, assim à noite, saltávamos o muro e depois era a correr.»

Já aí, as fugas e os furtos eram comportamentos muito difíceis de conter, e mantiveram-se nos tempos posteriores.

«Uma vez fugi com outro para os lados de Setúbal. Fui com outro rapaz mais velho. Nem sei o que fomos para lá fazer… Fomos. Eu tinha doze anos ou assim. Ficámos para lá uns dias, dormíamos onde calhava.»

Só mais tarde é que me apercebo, pelo que então me contou, que algumas dessas fugas tinham também a ver com novas passagens esporádicas pelo mundo da delinquência e abuso em redes pedófilas.

O Bruno é o único filho de uma relação esporádica entre a mãe, uma insular que viera para o continente ainda adolescente, e um pai que nunca conheceu. A mãe tem um passado de alcoolismo muito grave e várias ligações a companheiros também alcoólicos e vulgarmente maltratantes. Vivia num concelho próximo de Lisboa, em ambiente rural e em condições de pobreza crónica.

Donald Cohen, pedopsiquiatra norte-americano, escreveu recentemente sobre quatro sentimentos fundamentais para uma criança poder crescer saudável: sentimento de protecção, de pertença, de ser gostado ou amado, de ser respeitado e ter orgulho na sua existência. Julgo que o Bruno não sentira nenhum.

O tempo em que acompanhei o Bruno em psicoterapia foi curto, apesar de ter tido vários momentos distintos. Durante alguns desses meses e, sobretudo nalgumas consultas depois de o conhecer, o Bruno queria brincar. Eram espaços curtos em que saía de uma posição mais desistente para parecer envolver-se mais activamente em certos movimentos lúdicos de que retirava prazer. Mas brincava como um menino mais pequeno, empurrando carrinhos, construindo legos, de preferência casas, «a minha casa». Brincava com o gosto aparente de quem nunca brincara porque não tivera oportunidade ou não lhe tinham dado de brincar, como quem descobria em silêncio (pois nessas alturas quase não falava, só os sons dos carrinhos, por exemplo) etapas fechadas, nunca vividas, na parte da vida a que chamamos infância.

Crisântemo. Flor ornamental composta que floresce no Outono.

Num dos mais bonitos hóteis termais do nosso país, todos os corredores têm nomes de flores ou árvores. Que bom seria assim enfrentar as encruzilhadas da vida, virando à esquerda pela Rua das Açucenas, metendo pela Travessa da Roseira, olha ali o Beco da Azinheira, encontramo-nos logo, ali à esquina, nas Escadinhas dos Amores-Perfeitos...

Numa primeira consulta de observação, tenho sentado ao pé de mim, na cadeira que me está mais próxima, cor violeta, um rapaz pequeno para a idade, vestido adequadamente, com um contacto inibido e de olhar grande, vago e triste. A cabeça está baixa, poucas vezes me fita, uma comprida franja de um cabelo liso tapa a testa.

Responde-me que está triste por viver assim, quando lhe pergunto como têm sido as coisas e o que será que agora o preocupa mais. Chora. É um choro silencioso, de lágrimas grossas e muito impressionante como exteriorização de um sofrimento psíquico. Raras vezes acontece assim, em consultas de pedopsiquiatria.

«Queria estar com a minha mãe, gostava de descobrir o meu irmão, eu tenho um irmão mais novo, só que ele não estava a viver connosco... Depois vivíamos todos como uma família. Quero sair de onde agora estou.»

Percebo então a sua enorme culpabilidade em relação às dificuldades da mãe e a sua necessidade de reparação, possivelmente cuidando dela, curando-a do seu alcoolismo, tentando ele próprio ser mãe da sua mãe.

«É que se eu estivesse lá, ela não piorava tanto...»

Insisto na necessidade de também ele ter que estar bem e crescer forte por dentro, no que sente e pensa, até para poder continuar a ajudar a mãe se assim quiser. Mas para isso, precisávamos de continuar a pensar sobre formas de mudar algumas coisas que aconteciam e outras que ele fazia acontecer e que o prejudicavam, boicotando-lhe esse próprio projecto.

Silêncio e depois:

«Deixe lá, já não interessa.»

Estas expressões características de um pensamento quase terminal, sem sentido de futuro com solução, eram vulgares no discurso espontâneo do Bruno. Como por exemplo mais esta:

«Também, a minha mãe diz-me sempre que ao ano dois mil chegarás, de dois mil não passarás...».

Confirmo depois que o Bruno tem, de facto, um irmão mais novo, filho de outra ligação da mãe e que vive com o seu pai e a sua actual mulher.

«Uma vez fui lá de bicicleta, estive lá um tempo a viver.»

Na realidade, um dos furtos registados no seu vasto processo, era precisamente o de uma bicicleta que o Bruno utilizou para procurar o irmão, coisa que aliás fez com bastante sucesso. De resto, a maioria dos seus furtos eram englobáveis numa estratégia de sobrevivência e embora socialmente negativos ou inaceitáveis, representavam sinais da luta do seu próprio «self» contra um lado desistente e doente.

Durante uns meses, na fase pré-institucional, o Bruno foi recolhido pelo padrasto e mulher, que depois desistiram dessa tarefa, perante a intensidade dos problemas de comportamento. Isso mesmo foi confirmado noutra ocasião posterior em que conheci essa família e o irmão do Bruno, que me adiantaram que ele já tinha tido apoio de um oficial do exército reformado que, vivendo na zona, lhe dava acolhimento e comida a troco de pequenas tarefas e recados. De qualquer forma, a multiplicidade de colocações familiares e institucionais (tão típicas nestes casos) expressavam a dificuldade do Bruno e do meio envolvente se adaptarem mutuamente sem, de forma sistemática, entrarem em ruptura por qualquer dos pontos.

Estas crianças e adolescentes são na sua patologia, mas também no apelo do seu lado saudável, um constante desafio à ordem social envolvente, como quem continuamente repete em marcos exteriores as fontes de dificuldade de organização interna. Só assim entenderemos o profundo sentido dos seus sintomas aparentemente «sem sentido».

O seu choro e o seu silêncio, ambos ou alternadamente eco de desamparo, perduraram muito tempo nas minhas associações ao tempo das consultas com o Bruno. Tal como a sua interpretação sobre um colorido cartaz que enfeita uma das paredes do meu gabinete de consulta e que, na realidade, representa uma pintura do Palácio da Ajuda, feita por um grupo de crianças da «Casa da Praia»:

«Isso é um desenho de uma prisão, não é?»

NATAL

Esta história não é fácil de contar, porque há páginas que se viram, que são mudanças extremas na vida das crianças. Mas tal como nas histórias que lemos, nada é só função dos últimos parágrafos; é preciso ler um livro todo para compreendermos o sentido do seu enredo.

O Bruno fugiu da última instituição que frequentava, após um conflito não resolvido com o grupo de adultos que nesse momento ali se encontrava. É claro que é possível que esse não tenha sido o único factor explicativo, pois sabemos que nunca há uma simplicidade linear entre causa e efeito. Mas, de facto, esse episódio reactivou experiências de abandono e de angústia de perda de amor. As palavras que o Bruno diz que ouviu parecem ter uma boa sobreposição com aquilo que as próprias imagens interiorizadas de pai e de mãe também lhe teriam já «dito», de outras tantas formas:

«Se quiseres ir embora vai e não voltes... Tu não andas cá a fazer nada... E eu peguei nas minhas coisas e abalei mesmo.»

De novo, sozinho, e depois à boleia, percorre alguns quilómetros até casa da mãe que o rejeita agressivamente.

«Também me disse que se tinha fugido, ainda bem, mas que eu não ia para lá fazer nada. Não me podia ter.»

Tal como em casos de outras crianças e adolescentes, o Bruno era novamente vítima de uma relação altamente patológica com a mãe: a ausência de afecto de pais que, incapazes de cuidar dos seus filhos, os controlam através da culpabilidade que lhes criam, deixando-os paralisados ante uma posição ambivalente de falsa proximidade, uma vez que o que está em jogo é sobretudo aquilo que a criança pode representar para as necessidades do adulto (narcísicas, sexuais, etc.).

O Bruno fugiu. Não fugiu de, fugiu para... Sabemos que a fuga pretendida era do que o perseguia psiquicamente sob a forma de maus objectos. Não era apenas uma fuga às condições adversas da realidade exterior. Mas em ambas as realidades, sentiu-se activamente rejeitado. Por um lado e por outro, viveu numa posição de beco sem saída, uma das mais angustiantes de qualquer sofrimento psicológico. A rejeição, a ausência, o vazio, são do mais difícil para uma criança poder digerir e transformar sozinha; ainda mais numa posição prévia de fragilidade.

O Bruno fugiu na época de Natal. Pouco tempo depois percorria a pé, sozinho, uma das grande vias de acesso a Lisboa.

«Deu-me na cabeça. Fui.»

Já no final do dia, tempo chuvoso, escuro, e a troco de uma boleia e da promessa de alguns presentes, foi levado para casa de um homem que não conhecia e que, após alguns momentos de sedução preliminar, prontamente o usou como objecto sexual.

«Um Opel Corsa vermelho. Não estava ninguém em casa. Tomei banho, deu-me de jantar. Pôs uns vídeos pornográficos. Quis que me fosse deitar. Dormi no quarto dele. Quando pude, fugi.»

Deste assunto só muito mais tarde conversámos, a propósito de um comentário da sua ideia de estar infectado com o vírus da Sida:

«Acho que devo estar doente. Como e não engordo. Gostava de fazer análises à Sida. Sei que não vou durar muito.»

Todos nós crescemos com a ideia ensinada e vivida de que o Natal é a festa da família, a festa de Jesus feito menino. Para quem tem essas referências básicas, pode parecer-lhe impossível imaginar que, no outro lado da escala, essa fase do ano possa ser das mais difíceis para muitas crianças e adolescentes.

Dizem que o Natal é a festa da família, e está bem. Mas de qual família? Ou, em que famílias teremos cada vez mais que pensar quando enfeitamos o Natal?

FÚRIA DE VIVER

Ainda antes de ter sido referenciado ao Tribunal de Menores pelos seus problemas de comportamento, o Bruno foi orientado para uma consulta de Saúde Mental Infantil, numa equipa da área. Tinha ainda 10 anos. A análise do material respeitante a esse curto espaço de intervenção terapêutica (a mãe abandonou pouco tempo depois), revela dados pessoais e familiares muito interessantes.

Já nessa altura o Bruno era um retrato da forma em que previsivelmente se viria depois a organizar do ponto de vista psíquico. Foi então à consulta acompanhado pela mãe, a pedido da médica de família e por queixas de absentismo escolar e problemas de comportamento (fugas, mentira, agressividade). Na primeira entrevista, a mãe não revelava ou valorizava nenhum dos sinais e sintomas mais graves do filho, e nunca os associava às suas próprias dificuldades ou à desreferência sociofamiliar em que o Bruno tinha crescido. O mau e o negativo apareciam permanentemente projectados na própria criança, pondo-se a mãe na posição de vítima do filho. Notavam-se já características de uma relação perversa, em que não só não era dado um envolvimento afectivo à criança, como esta se via constantemente ameaçada por uma proximidade erotizada e demasiado nociva. Dizia a mãe:

«Andou a fugir para não vir cá… Já era rebelde dantes, mexia em dinheiro, mas agora desde que o padrasto se foi embora, junta-se às vezes a rapazes mais velhos, dorme por fora, mas eu vou dar com ele… É muito mentiroso, bem lhe dou bofetadas, mas nada… Também faz chichi na cama, eu tenho-o posto a dormir comigo... Tem um quarto para ele, mas antes quero assim, sei que não deve ser assim, mas... Queria que ele fosse para um colégio e ficasse lá... Eu tenho essa esperança... O problema é que nasceu sem eu querer. Naquela altura eu tinha os olhos tapados...»

O Bruno é então descrito pela psicóloga que o observou como sendo um rapaz bonito, de aspecto cuidado, que se apresenta com um contacto muito inibido, exprimindo-se numa linguagem adequada, mas só quando solicitado. Nessa primeira consulta, o Bruno faz um desenho bastante preenchido, como é típico das crianças com angústia e medo do vazio, em que representa numa montanha, uma casa só com uma porta, sem janelas nem chaminé, duas árvores, um pôr-do-sol e muitas gaivotas pretas. Da casa partem duas estradas distintas. A descrição do desenho é simbolicamente fantástica. Dizia:

«Este desenho são invenções que eu faço. Acho que é bonito e tenho que fazer... Estava na altura da Primavera, as árvores começavam a rebentar, as andorinhas voltavam para o calor, as flores do campo ficavam mais bonitas... As casas mais alegres. Havia dois caminhos da casa. Aqui vai para o campo. Aqui vai para a estrada. A do campo é para ir para um sítio de andar ao ar livre. A outra é para ir dar a um hospital ou então a uma farmácia...».

Os desenhos de crianças com estradas a irem dar a hospitais e farmácias, representam vulgarmente um sentido de esperança reparadora de algo que é internamente pressentido como mau, doente, estragado, ou outros equivalentes de afectos depressivos.

Faz ainda uma observação psicológica detalhada com provas de nível intelectual e projectivas. Na primeira, obtém resultados díspares entre os dois grupos de escalas; na verbal está situado ao nível médio para a sua idade. É prejudicado em subprovas que estão em maior dependência da estimulação escolar e sociofamiliar. Mesmo assim os resultados são bastantes heterogéneos. A prova de informação é boa. Por exemplo sabe que Paris é a capital de França, que o sol se põe a leste, que foi Pedro «Alves» Cabral que descobriu o Brasil. Na escala de realização o seu desempenho é mais elevado, obtendo um resultado que o coloca num nível superior à média da sua faixa etária. São dados que confirmam então o seu excelente potencial de base e, por outro lado, o seu enorme esforço de se organizar para sobreviver, fazendo uma sobre-utilização dos seus próprios recursos.

A análise das provas projectivas mostrava já então um rapaz com uma estrutura depressiva do funcionamento psíquico, com grandes fragilidades narcísicas muito ligadas a um nível anaclítico, de separação e perda. A sua percepção de imagem materna era ligada a temas de grande agressividade oral, que o colocavam numa posição de desconfiança em relação ao meio exterior. Acrescia uma grande fragilidade a nível da imagem corporal e dificuldades na identidade social e individual (incluindo a de sexo). Representava-se como uma menina na figura humana.

Breve excerto de um diálogo com o Diogo, um rapaz de 14 anos, a viver numa instituição, e que ainda sigo em consulta:

«Eu sei que o doutor Pedro vive perto do meu lar, não vive?»

«Mas porque é que queres saber isso?»

«Para saber quando é que me lá vai visitar.»

Hoje, abrimos de par em par as janelas de uma pequena casa, que a ajuda de um grupo de pessoas generosas conseguiu alugar. É um anexo de mais duas construções contíguas, térreas, brancas com risca de cor junto ao chão, que pertence a um casal de idade, filhos e neto.

À entrada da casa, enquanto se terminavam as limpezas, o Bruno diz-nos:

«Não queria que me trouxessem coisas novas. É que assim eu ainda desconfio.»

A Luísa ensina a limpar, a arrumar roupas, a fazer a cama de lavado, combina com o Bruno o dia a dia normal de uma casa, onde é melhor arrumar isto, onde se lava aquilo, coisas que só as mães sabem.

A Luísa é educadora numa escola de Lisboa, mãe de filhos de idades diversas e disponibilizou-se para me acompanhar desde o começo das visitas ao local onde o Bruno vivia. A percepção de que seria melhor um funcionamento baseado em duas figuras (masculino e feminino) e o seu empenho verdadeiro em intervir directamente, foram as razões principais. Em todo o processo que se seguiu, e que ainda hoje perdura, pudemos bem verificar como a sua presença junto do Bruno foi verdadeiramente fundamental para o reverter da situação e para um reequilíbrio psíquico possível. Sem ela, só teria acontecido muito pouco do que depois foi conseguido.

Várias vezes tivemos o sentimento de que era exigir muito de um rapaz de 15 anos ficar a viver sozinho numa casa. Mas mais sozinho do que antes estava seria possível?

A casa tinha sido descoberta no fim-de-semana anterior, após uma pesquisa quase porta-a-porta em que se viram mais de meia dúzia. Agradou esta, na povoação seguinte àquela em que o Bruno vivia, distância a ser percorrida por uma bicicleta que então montara a partir de duas outras velhas que conseguira arranjar. Uma pequena cozinha, uma casa de banho completa, uma sala miniatura e, ao fundo, um quarto agradável, tudo arejado por janelas em todas as divisões e mobilado com um conjunto de móveis simples.

O Bruno olhou para um prato de parede com uma quadra popular que começava com a frase «todos os homens são uns diabos», e ficou de o tirar.

O senhorio, homem rural de meia idade, apareceu à porta acompanhado da mulher, perguntou se estava tudo bem e disse:

«Havemos de fazer dele um homem, então não é verdade?»

No dia anterior à estreia da casa, o Bruno revelou perplexidade em relação a esta mudança:

«Estou um bocado assustado. Assustado não, que eu não tenho medo de nada, mas com receio. É que tenho medo de vos deixar ficar mal.»

É possível que a pergunta revelasse a angústia inversa:

«E se eu fizer alguma coisa de mal, vocês vão ou não deixar-me só?»

SEM SAÍDA

Não podemos deixar que a história do mundo se perca no silêncio.
A propósito do Bruno, oito dilemas e mais duas perguntas:
Se fico, só posso fugir.
Se fujo, estarei perdido.
Se sorrio, será falso.
Se choro, serei um fraco.
Se lembro, fico triste.
Se esqueço, ninguém me encontra.
Se morro, não consigo viver.
Se vivo, só me resta morrer.
Com que posso sonhar, pois se sonhar, como voltarei a dormir?
Mas, se não faço nada, quem fará por mim?

Foi só depois de esgotadas todas as hipóteses de reintegrar socialmente o Bruno por outras formas, que decidimos avançar com o aluguer da casa e com a restante ajuda possível. Todos os contactos feitos através de serviço social, comissão de protecção de menores, tribunal de menores e outros, feitos directamente através de instituições estatais e de privados levaram-nos a um beco sem saída.

As instituições que oferecem regime residencial a crianças e adolescentes funcionam nesta altura como algumas urgências hospitalares, isto é, em permanente sobrelotação, com camas nos corredores. Com o aumento crescente de situações de risco, que respostas eficazes teremos nós no futuro? A partir dos 12 anos de uma criança não é possível haver estatuto legal para um enquadramento em famílias de acolhimento. Alguém adoptará crianças crescidas ou adolescentes problemáticos? O sistema jurídico carece de rapidez necessária para proteger enquanto é tempo, oferecendo alternativas sensatas à devastação de que muitas crianças e adolescentes são vítimas.

Por isso, cada vez mais têm de continuar a valer grupos de pessoas que não esqueçam que a sociedade também somos nós. O resto há-de cair por si.

VIAGEM À TERRA DO NUNCA

Depois de terem chegado os primeiros sacos com roupa e comida, o Bruno comparecia sempre à hora e sítio combinados, com periodicidade semanal variável (em algumas alturas duas vezes por semana). Pedia sempre para não levarmos coisas que fossem novas:

«Não quero que gastem dinheiro.»

Para tudo o que foi possível recolher, encontrava uso.

«Estas t-'shirts não tem mal serem estreitas. Uso por baixo. O blusão também gosto mais de trazer com as mangas arregaçadas.»

Numa das primeiras vezes que o levámos a jantar fora, comeu uma dose tão obscenamente grande que, no final, disse:

«O meu estômago não estava habituado a isto.»

Várias vezes referia o medo de ficar habituado a «coisas boas», como se tudo pudesse subitamente acabar ou não fosse ele também, digno de as poder ter.

Estes eram bons exemplos do seu sentimento de desconfiança básica em relação ao meio exterior, bem como da interiorização predominante de maus objectos em que o negativo estaria sempre em si e o positivo, o bom, sempre projectado para fora, nos outros, num funcionamento clivado que favorecia uma constante deplecção narcísica.

O seu medo de mudar era maior que o de persistir nas condições actuais, facto muito comum também em crianças e adolescentes com este tipo de estrutura psicológica, vítimas de múltiplas privações emocionais, que persistem numa compulsão à repetição dos episódios ou cenários traumáticos.

«Não quero sair deste sítio. Aqui a gente não se endireita, mas é isto que eu conheço.»

Ainda numa das nossas visitas iniciais, fomos ter com ele à carrinha abandonada. Ao fim da tarde, banho tomado na casa emprestada de um amigo, roupa limpa e vestida a condizer ao seu jeito, o Bruno estava sentado no lugar do condutor, fazendo gestos com o volante. Não reparou logo que tínhamos chegado, mas quando nos viu disse espontaneamente:

«Ah, é que estava a viajar.»

A «Terra do Nunca» deve ser mesmo um lugar onde tudo é tão simples como simplesmente pode ser e sonhar é sempre mais do que apenas estar vivo.

De passeio, voltámos tempos depois a um lugar mais afastado, onde o Bruno tinha ido após uma das suas fugas. Num miradouro alto, por cima de uma praia, disse-me então:

«Quando cheguei aqui daquela vez, já não sabia mais como é que ia ser a minha vida. Tinha uma bola e dei-lhe um chuto cá com uma força… Fiquei a vê-la ir pelo mar… Depois, havia uns carros ali ao pé e comecei a ver qual é que tinha os vidros que aguentavam melhor com as pedradas. O Renault era muito bom… Só depois é que vi que tinha as portas abertas, já não era preciso forçar… Eu fazia essas coisas quando ficava de cabeça cheia.»

Nos tempos que privou de perto com a Luísa, o Bruno jogava à bola na praia como qualquer adolescente. Desempanou um carro a uns turistas aflitos, pois sabia de mecânica auto. Deixou de realizar furtos ou outros pequenos delitos, característica que ainda hoje se mantém.

Passámos também pelo pinhal onde dormiu ao relento durante alguns meses e onde depois montou uma tenda emprestada.

«Era ali ao pé das árvores. Encostava-me para me abrigar... Não tinha medo... Na tenda, depois queimaram-me a tenda, alguém lhe chegou fogo, não sei porquê, cheguei cá e já estava tudo ardido... Não tinha medo, só receio.»

Durante bastante tempo a noite era o seu momento crítico, claro está. O medo era grande e já na sua pequena casa fechava à chave as duas portas que levavam ao quarto. A cama molhada era o sinal de que a enurese nocturna se mantinha esporadicamente.

Quando reencontrei o Bruno, não lhe era possível organizar-se para além de uma tarefa de sobrevivência, que o viver na rua lhe impunha. Procurar alguma coisa para comer, um lugar onde tomar banho, um emprego para ganhar algum dinheiro... Por vezes era bem sucedido, embora predominasse a inconsistência, a fragilidade, a derrota antecipada com a respectiva desistência ou a fuga.

«Às vezes, ofereciam-me comida e eu cheio de fome dizia que já lá ia. Depois, sei lá, não sei o que era, passava-me a fome ou a vontade de lá ir...»

Tenta alguns empregos. No espaço de ano e meio, ajuda atrás de um balcão de bar, amanha terra numas hortas e dá serventia como ajudante de pedreiro. Trabalho sempre mal pago, 1000 ou 2000 escudos por semana. Diziam-lhe que ainda não tinha a idade mínima (16 anos). Por outro lado, a sua total incapacidade de se organizar sozinho levava-o, várias vezes, a falhar. Por exemplo, era necessário estar às 7 da manhã em determinado local para o levarem à boleia para as obras. Mas como se poderia orientar se não tinha relógio ou despertador e só se regulava pela luz do dia? Às vezes, pedia à mãe para o ir acordar à camioneta abandonada, mas vulgarmente o estado de embriaguez dela também não o permitia fazer adequadamente.

«Quando não tinha nada para fazer punha-me a pensar, mas só dava voltas e voltas à cabeça e a cabeça estava cheia... Ia a pé à cidade, andava por aí, ia para a praia sozinho, às vezes até à noite!»

Noutras ocasiões, quando arranjava emprego mais certo, eram novamente as suas dificuldades de organização psíquica que bloqueavam a consistência do projecto. A dificuldade em afirmar um desejo, ou uma escolha eram comuns. Nunca sabia bem o que queria: «mais ou menos» ou «assim, assim» eram as suas frases preferidas. O medo de falhar era constante, e a total inaptidão para aceitar triunfos, valorizações ou mesmo um certo bem-estar, favoreciam igualmente as suas retiradas, sobretudo quando tudo estava aparentemente a correr bem:

«Quase sempre, eu gostava, eles também gostavam de mim, e então eu achava que não ia dar mais. Era esquisito, mas vinha-me embora...»

Foi preciso reconstruir, a pouco e pouco, esta sua capacidade de se ligar e confiar, combatendo um sistema patológico de desligações psíquicas que favorecia uma retirada em relação ao mundo das representações afectivas. Ainda hoje essa tarefa se mantém como uma das mais desgastantes.

Mas aos poucos foi podendo construir ligações, sentindo-se mais seguro da persistência e continuidade de algumas. Por exemplo, não muito tempo após o termos reencontrado, disse-lhe que estaria dez dias fora do País, em trabalho.

«Então escreva aí o telefone do sítio para onde vai.»

De visita à Expo'98 com a Luísa, o Bruno pediu então para visitar em primeiro lugar o pavilhão do país onde me encontrava.

Meses depois, a propósito de uma outra deslocação minha por um período idêntico, já não precisou de se certificar sobre a minha ausência. Disse:

«Também no próximo fim-de-semana vou com a minha namorada ao cinema.»

Pediu-me conselhos para esse seu encontro com a namorada que entretanto arranjara.

MARÇO E AS QUATRO ESTAÇÕES

Março é um mês onde dizem haver dias em que acontecem as quatro estações, e a vida do Bruno é um perpétuo Março.

Primavera.

Um dia chega sempre o tempo de nascerem flores sobre o chão pisado. Primavera foi assistir no Bruno ao rebentar da palavra orgulho. Orgulho é uma bela palavra. Uma bela palavra não tem preço. Depois de se recuperar um pouco, não tem preço; é pessoal e intransmissível. Não mais está à venda. Usa-se. Um pouco de orgulho é uma cor para a alma. Primavera foi quando o Bruno ousou dizer:

«Gostava de ter uns ténis que ali vendem. Era para ficar mais giro... Ter uma roupa mais à maneira...»

Ou quando começou a perguntar se aquela camisa ficava bem com esta t-shirt, aceitando ajuda sem desconfiança prévia. Ou ainda quando, ao integrar-se socialmente melhor, pôde prescindir da intensidade do nosso apoio.

Guardo ainda a imagem primaveril de um pequeno gato abandonado, recolhido na sua casa, recebendo festas ao colo do dono.

Verão.

Não aprecio tanto quem fala do mundo e seus lugares. Aprecio mais quem gosta de falar de lugares e do seu mundo. Julgo que o calor apareceu quando o Bruno olhava para nós, através de nós, para trás de nós. O Verão após o reencontro foi um banho de luz dado pela Luísa e a sua família. Recordo-me agora de ver uma fotografia do Bruno tirada à beira-mar, olhando a praia. Toda a sua vida foi passada junto ao mar. Sorrisos e lágrimas, sempre com sal. Esse Verão foi gasto entre rapazes e raparigas da sua idade. Ao vê-lo tratado como mais um entre os outros, apeteceria-me escrever na areia rija de maré-vazia:

— Ninguém gosta de viver em memória de ser esquecido para sempre.

Outono.

Na festa dos seus 16 anos estoiraram foguetes no ar. Na festa da vila vizinha, a procissão saiu à rua, o padre à frente, acólitos, camisa branca de ver a Deus, anjos com ar solene de asa partida, a fechar. Duas bandas tocaram toda a tarde. Os carrinhos de choque deram voltas estonteantes ao circuito, os miúdos lá andaram nisso, o Bruno tirou rifas para o sorteio de um peluche, «olhe lá freguês, vai um tirinho?»

A festa dos seus 16 anos não teve nada de especial. Um lanche com amigos. Mas, contudo, a primeira festa de um adolescente que não sabia a data do nascimento.

Guardo ainda a imagem de fim de tarde de começo de Outono, uma trovoada imensa, a gente a buscar abrigo, os vestidos de renda branca das meninas a escorrerem água. De repente, todos às escuras por causa de uma quebra de luz, o riso pelo imprevisto.

Morteiros. Foguetes como salvas de 21 tiros.

Outono e a nostalgia. Nostalgia é uma palavra forte, um sentimento que diz da vida coisas complicadas. Só sente quem já viveu a perda, uma qualquer saudade burra. E o sorriso nostálgico do Bruno a perguntar no cair da noite:

«Já têm que ir embora?»

Inverno.

Várias vezes tivemos que conter dificuldades repetidas. Como os conflitos com a mãe e os episódios de violência física entre ambos. Ou a sua repetida desconfiança em relação aos adultos:

«Não sou uma pessoa como as outras.»

Porque a vida usou-o, assim, sem mais nem menos, sem cerimónia, e para o Bruno qualquer acto podia conter uma ameaça. Houve pesadelos repetidos, novamente difíceis de aqui deixar escritos. Pesadelos reais.

Inverno é Dezembro, é neve que cai nos locais frios e desamparados, o tempo de sabor amargo na ponta da língua, incómodo como ver os pés a enterrarem-se no branco gelado. Mas, por último, Inverno é também Natal.

Outro Natal. Hoje levantei os olhos e vi nos teus outras infâncias partilhadas.

ATÉ AGORA

O Bruno adaptou-se a viver sozinho na casa nova. Houve coisas que nunca conseguiu fazer sozinho na casa nova.

Durante muito tempo visitava diariamente a Luísa. Começou a gerir melhor a distância prescindindo da intensa regularidade das nossas visitas.

Dizia que não quereria nunca uma companhia. Apaixonou-se por uma rapariga da sua idade e viveu um bom romance adolescente durante bastante tempo.

Petrificava perante a ideia de ter de arranjar um emprego. Não era capaz de arranjar um emprego. Foi capaz de encontrar um emprego. Teve outro emprego que gostou, onde aprendeu e se ligou. Perdeu-o. Recuperou-o depois.

Não queria voltar à escola. Aceitou e depois pediu para passar a frequentar um curso de formação técnico-profissional.

Arranjou uma bicicleta. Deixou roubar a bicicleta. Dantes roubava bicicletas. Fizemos com ele um contrato para a compra de uma nova bicicleta. Passeou na bicicleta sozinho durante mais de três horas na madrugada que a comprou.

Foi tratado como uma pessoa. Deixou-se tratar como uma pessoa ao final de um tempo.

Estava subnutrido. Alimentou-se. Cresceu.

Deu alguma distância emocional em relação à mãe que também lhe deu alguma distância. Os problemas entre ambos não cessaram, mas tornaram-se mais episódicos e contidos.

Aparentemente os seus três maiores riscos evolutivos parecem controlados: consumir drogas, tornar-se delinquente, seguir a via da prostituição, acabando na prisão, no hospital ou simplesmente na rua. Mas o seu futuro nunca será fácil. O peso do passado e algumas das suas confirmações no presente não se anulam em pouco tempo. Quanto ao resto, será sempre um equilíbrio, uma travessia em corda bamba. Mas para onde quer que caia existe uma diferença: uma rede estará por próximo para amparar.

QUINZE ANOS E

Quinze séculos de paz.

Quinze milénios de compaixão.

Quinze crianças perdidas e recuperadas (ao ritmo de quinze por dia e não seria má média).

Quinze actos de coragem contra a humilhação de quem negamos a voz.

Quinze pessoas que possam ajudar, por cada criança ou adolescente que precisa.

Quinze quilos de bom senso e humildade, bem aviados, se faz favor (que é coisa que não vem nos livros e faz muita falta nos dias que correm).

Quinze anos de trabalho sério e continuado para mudar a intervenção psicossocial a crianças de risco.

Quinze segundos para perdoar e esquecer tudo o que houve de mal.

Quinze palavras bonitas a caírem em séries de três a três nas «slot-machines» até dar jackpot:

Amor — Morango — Sorte
Coração — Coração — Sorte
Coração — Amor — Baunilha
Morango — Baunilha — Amor
Amor — Amor — Amor
CASH!

Quinze minutos todos os dias para lembrar o que é isso de ser pai ou mãe.

Quinze tentativas para poder voltar a confiar e outras tantas para poder recomeçar as vezes que for preciso.

Quinze sombras ameaçadas por uma boa porção de luz.

Quinze tardes passadas na esplanada da praia para deixar correr alegrias à beira-mar.

Quinze folhas em branco para aceitarmos o incompreensível e com isso construirmos o que for possível.

Quinze velas para soprar no dia dos quinze anos (dizem que quinze é uma idade má); demora quinze milésimos de segundo a apagar mas pode marcar uma vida inteira.

NARCISO

Narciso era um personagem lendário, célebre pela sua beleza, que apaixonando-se pelo seu próprio reflexo na água e não podendo captá-lo, definhou até morrer. Os deuses transformaram-no em flor.

A propósito de um programa de formação, visito durante sete dias uma instituição para crianças e adolescentes em risco que se localiza muito próximo do mar. Ilha da Madeira, um sítio lindo, e na parede de uma das residências, um retrato de um grupo deles à volta de uma fogueira à beira-mar. Muitos sorrisos, juro, e mais histórias, nem todas de final feliz. Dias depois, de visita ao Curral das Freiras na companhia de um educador, recordo-me de pensar na comparação entre o desejo destas vidas e o destino daquelas que, diz a lenda, há séculos atrás fugiam de piratas buscando refúgio na parte mais acolhedoramente escondida da ilha: fuga, procura e regresso.

Da varanda de uma das novas e bonitas casas, vejo em baixo as velhas instalações, que até há não muito tempo continham as «solitárias», celas de isolamento onde eram colocadas crianças e adolescentes em resposta a comportamentos disruptivos.

Logo no primeiro dia tomo conhecimento da morte de um rapaz adolescente, que ali estava colocado após uma situação de graves dificuldades sociais e familiares. Apercebo-me das suas marcadas vivências depressivas e ouço depois a narrativa dos seus fatais últimos momentos de vida (quanto a mim com marcadas impressões suicidas): zangado e sozinho, desafia outros rapazes que o observam em local seguro, e decide avançar por um pontão, mar dentro. Era de Inverno, maré-cheia, ondas largas. Ninguém o acompanha. No extremo mais avançado olha alternadamente para trás, onde estão os colegas, e para baixo, na direcção da água. Quando faz este último movimento uma onda mais forte leva-o. O afogamento foi imediato. Depois, ao fim de muito tempo, o mar devolveu-o e o corpo boiou à superfície sem que ninguém o conseguisse agarrar.

Mesmo sem ter assistido a este episódio, a narração no local onde se passou permaneceu muito tempo gravado na minha memória.

Flores flutuando no cimo da água, imagens resistentes de náufragos, coroas lançadas às ondas para abraçarem um mar tão grande como o sofrimento de quem fica em terra. Flores, amores-perfeitos regados de saudade.

O que vê o bebé quando olha nos olhos da mãe?

Vê-se a ele próprio.

Muitos bebés-criança têm experiências repetidas ou exclusivas de não serem vistos ou de não terem um olhar que devolva o que estão a olhar.

A esse propósito, Donald Winnicott, médico pedopsiquiatra inglês, escreveu:

«Quando vejo, consigo perceber quem sou, como sou, o que esperam de mim, através do que os outros me devolvem. E vice-versa, pois pelo que eu devolvo aos outros, expresso o que sinto, penso o que sou.»

E podemos completar esta imagem acrescentando que, se somos vistos, podemos ver. Se formos amados, podemos amar. Se formos pensados, poderemos pensar.

Muitas crianças e adolescentes experimentam sempre não serem olhadas ou serem olhadas de forma distorcida. Ambas as vivências, se constantes, podem levar à necessidade defensiva de «não ver», num movimento de cegueira psíquica que cria buracos negros na capacidade de sentir e pensar, já que ver poderia ser tão inquietante como algumas das descrições que Platão narra na alegoria da caverna.

Na clínica sentimos que, nessas crianças e adolescentes, também existe a necessidade de usarem o espaço da consulta para simbolicamente verem e serem vistos. O próprio Winnicott destacou isso mesmo, escrevendo que psicoterapia é, sobretudo, «ver» alguém.

Como o Martim, de 10 anos, bom nível social e cultural, que no decorrer de uma das primeiras consultas trouxe uma máquina fotográfica para me tirar um retrato:

«Queria ter uma coisa onde te visse.»

Ou um outro rapaz de 12 anos, que vivendo atribuladamente um divórcio com total afastamento emocional do pai, me dizia:

«Você tem de ficar de olho em mim...»

Nestes casos, podemos recordar a importância de na terapia valorizar outras formas de comunicação que não apenas a verbal, já que muitas das falhas narcísicas destas estruturas psíquicas, bem como alguns dos principais acontecimentos traumáticos, podem ter ocorrido em períodos pré-verbais do desenvolvimento. A análise da transferência de experiências primitivas que, para além de pré-verbais, podem ser igualmente não verbalizadas ou não verbalizáveis, é fundamental. Nisso as boas mães são exímias, um pouco como os poetas em alguns momentos. Diríamos que a poesia da mãe seria a melhor forma de expressar este entendimento tão subjectivo das coisas. Herberto Helder é um dos poetas portugueses que melhor consegue pôr em palavras essa capacidade:

> *E através da Mãe o filho pensa* [...]
> *E por dentro do amor, até somente ser possível*
> *amar tudo,*
> *e ser possível tudo ser reencontrado por dentro do amor.*

Quanto ao olhar, ele é uma das formas de comunicação que melhor pode expressar diferentes estados emocionais, e que espera do adulto um espelho que o devolva de forma adequada. Da história do Bruno recordamos que nem sempre os olhos mais vazios são os mais silenciosos. Os olhos falam e quase não mentem. Não deixam nunca de ser sinceros. Por isso, sofrem.

«Vi muita coisa que preferia não ter visto», disse.

Uma intervenção terapêutica em crianças e adolescentes como o Bruno, que nunca foram verdadeiramente olhados, ouvidos ou amados, é muito mais que fazer interpretações claras através de palavras esclarecedoras. É, acima de tudo, um longo processo de relação que pretende devolver empaticamente o que cada um traz da sua experiência de vida, numa forma aproximada, embora mais complexa do que uma face pode reflectir do que vê.

Precisamos de continuar a dar valor a uma parte do mundo interno, o «eu» nuclear, a consciência de si próprio que existe como algo de importante e verdadeiramente decisivo na forma como vemos e envolvemos a realidade e o que nela representamos.

Este mundo interno é composto por áreas conscientes e inconscientes, englobando pensamentos e sentimentos, significados, sonhos, imagens de pessoas e locais, memórias de momentos, e dos afectos que os envolvem. É gradualmente construído desde os primeiros momentos de vida, partindo dessas experiências precoces que vão depois moldar a apreensão da realidade exterior.

É um mundo real e importante, com as suas zonas inacessíveis ou privadas, englobando partes desconhecidas para o próprio, já que muitas experiências podem ser absorvidas sem o seu impacto emocional ser tornado consciente. Também porque muitas dessas mesmas experiências podem ser demasiado angustiantes, e por isso são clivadas, recalcadas, embora obviamente mantenham um nível de influência decisivo na organização psíquica e nas respostas às solicitações do meio.

AMOR DE MÃE

Um dos aspectos fundamentais do mundo interno é a organização do narcisismo normal ou patológico. Seguindo a definição de Otto Kernberg, psicanalista norte-americano, narcisismo é o investimento libidinal do «self». Nas crianças e adultos normais o «self» é integrado, isto é, todas as suas componentes estão organizadas como um todo, numa perspectiva longitudinal (através do tempo) e transversal. O estabelecimento de um equilíbrio narcísico assenta na qualidade e estabilidade afectiva dos objectos internos ou das representações objectais em íntima relação com o «self» integrado. Daí a importância das funções materna e paterna nos primeiros anos de vida e da sua confirmação posterior como objectos reais: o pai e a mãe que valorizam os filhos ao longo das etapas do seu crescimento, confirmando-os no seu narcisismo.

Vimos no exemplo do Bruno como foi difícil organizar-se a partir de padrões de relação predominantemente distorcidos. Se pensarmos que esse é também o dia a dia de um número crescente de crianças na relação com as suas famílias e a sociedade, veremos a dimensão psicossocial do problema.

É a mãe, ou quem cumpre o seu papel, quem primeiro organiza, transforma e canaliza a descarga de pulsões libidinais do bebé e da criança pequena. É esta função que vai sendo progressivamente incorporada numa matriz do «eu» infantil. A importância de experiências predominantemente gratificantes é fundamental, pois constituem os alicerces onde as etapas posteriores do desenvolvimento psíquico vão assentar. Assim, quanto mais e melhores elas forem de início, mais esta matriz se vai fortalecendo e autonomizando, tornando-se cada vez menos dependente da realidade exterior. Por exemplo, a partir de determinada fase, a criança saudável consegue manter um núcleo de auto-estima com uma estabilidade narcísica mais ou menos independente da confirmação dos modelos exteriores (parentais ou outros).

Sabemos hoje que a integração de bons modelos de referência, promove representações psíquicas que são registadas neurofisiologicamente e preferencialmente reactivadas em ocasiões posteriores. Isto é, o diálogo interno com as imagens paterna e materna, serve como padrão de relação futura. Será esse padrão que conduz a um predomínio de organizações libidinais positivas, centradas no instinto de vida, com capacidade de conservar, construir, por oposição a organizações em que prevalece o instinto de morte ou destruição. É por isso que dizemos que a função materna deve ser simultaneamente contentora (física e psiquicamente) transformadora/organizadora, frustrante nalguma dose, conciliadora no sentido de uma reparação narcísica. É também objecto de amor no sentido que pode promover a capacidade de amar e de ligação à vida, por oposição ao ódio e à actividade de desligação das representações afectivas.

Mas o que se passa na vida de muitas crianças e adolescentes como o Bruno, é o predomínio da ausência de modelos ou da presença do seu negativo. Desconhecer totalmente o pai, como no seu caso, ou então, os homens que se conhecem como referência serem sobretudo figuras abusivas, e viver numa relação patológica como a que predominava com a sua mãe, é causa de sofrimento psíquico com áreas de funcionamento confusas, e com necessidade de utilizar maciçamente defesas como a clivagem e a idealização para suprir altos níveis de deplecção narcísica.

A Andreia, uma menina de 4 anos que conheci em consulta, tinha sido abandonada pela mãe, e actualmente era a sua madrasta que diabolicamente a maltratava usando as suas mãos como cinzeiros.

Quando a conheci numa primeira observação, e após ter feito referência à ausência da sua mãe, sentou-se no meu colo e enroscou-se, numa procura de função contentora. Depois, agarrou na minha mão e eu na dela (as mãos eram, com certeza, um ponto muito importante na expressão do seu sofrimento psíquico, já que coincidia com o ponto físico do abuso). Então desenhei-a aberta na folha, brincando com ela a propósito do desenho. A Andreia sorriu, como resposta a esta função transformadora. A seguir disse-me:

«A mão é má.»

«Há mãos más e mãos boas. Como serão as tuas e as minhas?»

«Põe nas más... Não, não é a tua. É a da Nela (o nome da madrasta)», no que pareceu ser a compreensão de uma função conciliadora de reparação narcísica.

Esta história lembrou-me ainda outra, passada com o Manuel, de 10 anos, oriundo de uma familia destroçada por más condições sociais e económicas, sistematicamente desvalorizado pelos seus pais, que a propósito de uma circunstância muito semelhante disse:

«Eu sei ler as linhas da mão!»

«Ai sim, e então como é?»

«Olha, há a da vida, a da tristeza e a da pouca sorte.»

«E como são as tuas linhas?»

«As minhas são todas grandes.»

O SOFRIMENTO ENSINA-NOS

A depressão infantil é o diagnóstico mais comum das crianças e adolescentes que conhecemos na clínica, incluindo este tipo de organização psíquica como a do Bruno, mais desarmónica e complexa.

Embora a sua expressão seja bastante polimorfa, ela é preferencialmente marcada pelas queixas comportamentais como agressividade, instabilidade, hiperactividade e dificuldades escolares.

Nos casos mais graves a depressão infantil está associada a falhas narcísicas precoces ou primárias, ou seja, a falhas nos primeiros anos de vida, confirmadas ou não posteriormente. O edifício psíquico que depois vai assentar sobre estes alicerces é frágil.

Nessas situações predomina um tipo de relação anaclítica que, ao pôr ênfase na dependência afectiva, está relacionada com a angústia de perda de amor ou de abandono. Assim, existe sempre uma avidez afectiva maciça, quer seja expressamente demonstrada no conteúdo apelativo das crianças mais novas, menos sofridas ou com maior capacidade de resistência, ou pressentida no contacto defensivo das crianças mais velhas, mais sofridas ou mais vulneráveis. Nesta última situação, a necessidade de dependência afectiva aparece com uma aparente menor expressão externa, pois é sentida como intolerável uma vez que encerra o potencial perigo de nova decepção.

Mas o sentimento de perda existe sempre como um traço comum a este tipo de organização depressiva, sendo sentida como perda de uma parte do «eu», facto que relembra as respectivas falhas de um «apport» narcísico adequado.

As crianças e adolescentes que se organizam nessas evoluções depressivas, como acontece às que são cronicamente negligenciadas, abusadas, maltratadas, nunca desenvolveram partes da sua personalidade, e por isso precisam de alguém que lhes transporte e empreste esperança, acreditando nelas. A base da terapia assentará numa verdadeira cura de reconstrução afectiva; sentindo-se protegido e amado por alguém, o eu da crianças poderá então confiar e amar os seus próprios personagens.

O André, de 18 anos, dizia-me uma vez:

«Queria ter tido pais que me acarinhassem. Que me tivessem dado mimos, carinhos, que eu pudesse abraçar e dar beijinhos.»

A própria construção verbal da frase dava a ideia de desalento no passado e esperança no futuro. O André procurara-me para falar de dificuldades de relacionamento com a sua namorada, que o acusava de ser «muito possessivo e só ver o lado mau da relação».

Nos casos de evolução mais arrastada e de pior prognóstico existe um empobrecimento progressivo da fantasia e do pensamento, pois sendo o vazio e a ausência sentimentos difíceis de tolerar, instala-se um estado progressivo de desligação afectiva.

A fuga à vivência depressiva pela expressão em comportamentos disruptivos, é muito comum nas crianças e adolescentes que viveram cenários traumáticos muito intensos e repetidos. O desejável face a uma situação de sofrimento seria viver um momento depressivo, até à reparação possível e readaptação. Mas em casos como o do Bruno a depressão é agida para evitar pensar o impensável ou aceitar o inaceitável, razão pela qual essas crianças ou adolescentes enquanto forem «psiquicamente vivas» serão sempre inadaptadas ou inadaptáveis. Como pode uma criança, como no caso do Bruno, pensar ouvir da sua própria mãe «não andas cá a fazer nada…»?

A revolta que surge na sequência de sentimentos como os de tristeza, solidão, abandono ou perda, é expressa contra os outros ou contra o próprio, sendo que nos adolescentes o corpo é um palco conflitual usado em muitas circunstâncias de comportamentos hetero ou autodestrutivos.

As passagens sucessivas ao acto traduzem comportamentos de fuga, que buscam a eliminação das respectivas representações afectivas. É claro que elas expressam também tentativas de eliminação dos objectos internos ameaçadores. O que há de especial nestas crianças quando chegam à adolescência, e que pode ser sentido como muito inquietante, é um reequacionamento das vivências infantis com um «ajuste de contas» com as imagens parentais, com ataques expressos simbolicamente no meio envolvente (família, escola, sociedade).

Muitas vezes esta luta é também expressão de dificuldades de separação, já que a autonomização de figuras frágeis é sempre mais difícil de conseguir. Por isso entendemos bem os movimentos de constante vaivém (fuga e aproximação) que o Bruno fazia em relação à mãe.

Nas crianças vítimas de maus tratos e abuso sexual, o entendimento das experiências anteriores sob o primado de um corpo sexualmente maturo, pode implicar um crescendo de sentimentos de culpa, vergonha (Kernberg sublinha-a particularmente), medo, dificuldade na integração da sexualidade na vida afectiva, com fragilidades nos processos de integração individual e social.

Neste contexto, para alguns adolescentes, as ligações afectivas são sentidas como potencialmente sexualizadas e por isso tidas como perigosas ou, então, as ligações sexuais que tentam estabelecer são desprovidas de afectos para se tornarem mais suportáveis.

Quando reencontrei o Bruno, este dizia muitas vezes:

«Não quero ninguém. Nem nenhuma rapariga. Não é preciso, até fujo. Sozinho é que se está bem.»

O Rodrigo é um outro rapaz que conheci aos 12 anos, e tinha uma história de vida muito semelhante à do Bruno. Abandonado pelo pai, foi depois entregue aos cuidados de uma avó física e emocionalmente incapaz de olhar adequadamente por ele. Até uma colocação institucional precoce, fazia grande parte das suas vivências na rua, regressando à noite a casa, num padrão de vida sem regras ou limites. Por vezes acompanhava grupos de rapazes e raparigas mais velhos, alguns ligados ao consumo e tráfico de droga.

Durante esse período foi vítima de abuso sexual repetido. Aos 13 anos tentava repetir indiscriminadamente relações sexuais com raparigas e rapazes da instituição onde vivia.

Depois, nas consultas, dizia-me duas coisas muito importantes:

«É que eu pensava que era assim que me fazia homem.»

«Não sei porque é que às vezes chamo nomes a mim próprio. Nomes assim como porco, maricas, e isso...»

Estes aspectos só apareceram muito tardiamente no processo de terapia, e quando se tornaram mais conscientes para o Rodrigo foram difíceis de conter ao longo de várias consultas e no espaço entre elas. Como num telefonema que um dia me fez:

«Acho que me lembrei do nome dele. Se o doutor Pedro for àquele café que lhe falei encontra-o.»

É claro que, nestes casos, a evolução social negativa é possível, num padrão organizacional gerido pela lógica de «não sei quem sou, o que sou ou o que quero porque tudo em mim é contraditório e confuso». Este tipo de não-estruturação psíquica conduz a distúrbios do sentimento de si próprio, com repetição da percepção de estados de vazio, confusão, desrealização, por exemplo.

Durante bastante tempo o Rodrigo fazia fugas da instituição, procurando a repetição traumática de episódios vividos. Cedo iniciou consumos de haxixe, que conseguimos conter durante um tempo inicial; depois, não. No processo terapêutico deparávamo-nos várias vezes com diferentes faces da mesma moeda; a estrutura em mosaico do seu funcionamento psíquico levou-me a interpretar a sensação de umas vezes estar a falar com um Rodrigo e, noutras ocasiões, com um outro lado do mesmo Rodrigo. Por vezes era nítido que um não reconhecia o outro, como melhor veremos num exemplo adiante.

Numa sessão o Rodrigo entrou e vinha com um ar triste e inibido. Foi numa consulta após as férias escolares de Páscoa, mais prolongadas pela necessidade de desmarcar uma sessão. Sentado na cadeira em frente a mim, apertamos a mão no cumprimento habitual. Quando tentei soltar a minha, agarrou-a, e por um momento longo assim permaneceu. Tranquilizou-se quando lhe assegurei que a minha ausência não era um equivalente de abandono.

Noutra consulta comentei o recrudescimento de alguns dos sintomas e das queixas que provocavam. De facto, um rapaz mais novo, seu companheiro de quarto na instituição, estava a ser vítima de tentativa de abuso sexual. A situação foi nítida para os adultos, quando este miúdo despejou raticida na comida do Rodrigo, tentando assim eliminar aquela fonte de sofrimento emocional. O Rodrigo foi hospitalizado e o colega falou abertamente sobre os factos ocorridos.

«Parece que têm sido novamente difíceis coisas que já aqui falámos. Sobretudo as que têm a ver com a tua capacidade de não repetires com os outros situações de que tu próprio foste vítima.»

«Não. Não foi nada. Dizem isso de mim. Não faço nada disso. Nunca fiz. Isso são tretas. Em quem é que acredita?»

«Talvez que para este Rodrigo que agora aqui está a falar comigo seja difícil entender como um outro lado dele próprio pode, às vezes, aparecer de uma forma que ele agora acha estranha ou sente como de outra pessoa... Mas aqui talvez os dois possamos juntar esses lados e entender porque é que um ainda sabota o outro... O que será que tu às vezes sentes ou pensas que faz que esse lado difícil apareça e fique fora do teu controle?»

Silêncio. Alguns rabiscos na folha branca à nossa frente, e depois:

«É quando estou sozinho. Sinto-me mal. Não sei, deve ser isso.»

Ainda mais à frente, durante o seu longo seguimento, existiu uma fase de grande dependência afectiva em que me telefonava regularmente para casa, sobretudo nos períodos de fim-de-semana em que ia a casa de familiares. Correspondeu também isso a uma idealização que o levava a dizer coisas como:

«O que é que faz no próximo fim-de-semana? Gostava que viesse à praia comigo. Assim já éramos dois. Dois já podem jogar à bola. É uma mini-equipa!»

Para os terapeutas não é fácil gerir estas fases, sobretudo em crianças como o Rodrigo em que, a par da sua problemática conflitual interna, pouco ou nada existe com qualidade afectiva no mundo das suas relações familiares e sociais. A transferência emocional para o médico, ou outros adultos que aos poucos vão sendo sentidos como figuras mais fiáveis, pode ser intensa e gera em nós movimentos contra-transferenciais fortíssimos com os quais é importante lidar bem. É fundamental marcar a distância entre o que pode ser (re)construído emocionalmente sem entrar por respostas da realidade concreta (por exemplo, ir de facto, à praia) que só excepcionalmente se poderiam manter sem nosso próprio prejuízo e das crianças. Por isso é que o caso do Bruno foi excepcional no plano terapêutico, e existiu apenas perante um confronto especial sem qualquer outra hipótese de intervenção, como adiante daremos melhor conta.

A evolução do Rodrigo, revista tempos depois, não foi brilhante. Permanentemente em fuga, entrou em desistência. Fugiu da instituição. Deixou de ir às aulas. Deixou de ir à escola. Fugia de casa de familiares que o recolheram. Juntou-se com um grupo e passava droga. O mais que conseguia fazer era, durante ainda algum tempo, organizar-se para comparecer à minha consulta. Deixou de telefonar. Deixou de manter vivo um lado tão fortemente apelativo. Perdeu alguma consciência mórbida e desejo de mudança. Aos 13 anos, injectou heroína pela primeira vez.

«Estou bem assim. Para quê mudar? Arranja-me alguma coisa de melhor e onde ganhe mais?»

Recolhida a navalha «ponta-e-mola» que me exibiu, o mesmo olhar triste e, de novo, um apertado e interminável aperto de mão.

«Vai ter sempre notícias minhas», disse.

«Boas ou más?»

«Boas, claro!», sorrindo com o seu ar infantil, agora em corpo de quase 15 anos.

Não foi verdade.

O Bruno seguiu precocemente a via delinquente. Cometeu delitos importantes até responder em Tribunal de Menores aos 12 anos. Na altura em que o reencontrei mantinha tudo a favor para prosseguir nessa via de saída patológica de um sofrimento depressivo, tão típica destes órfãos de pais vivos, crianças que quando ninguém quer se arriscam a cair na rua, eternamente fugindo de tudo, apenas alcançando o nada.

As crianças que seguem uma evolução psicopática são sempre aquelas em que a descontinuidade, a ruptura, a imprevisibilidade, se tornaram na rotina das suas vidas. As rejeições sucessivas e, sobretudo, a incapacidade dos diversos meios em aceitar e integrar a sua tendência anti-social completam a acção, que habitualmente decorre em cenários socialmente propícios de más condições económicas e habitacionais, redes familiares ausentes ou destroçadas por problemas semelhantes.

A vida na rua, isoladamente ou em «gang», torna-se o único marco de uma identidade individual ou social. É um símbolo de profundas forças em funcionamento que buscam um sentimento de protecção e pertença. Contudo, embora um dos principais objectivos dos «gangs» possa ser uma protecção contra a violência, rapidamente se tornam eles próprios fonte de violência e desafio, paradoxalmente criando o mesmo tipo de ameaça de que os seus membros pretendiam escapar: perigo, insegurança, abuso, desrespeito, por exemplo. A desconfiança e medo das crianças e adolescentes em relação aos outros assenta como uma luva na desconfiança e medo da sociedade em relação a eles. Está criada a teia para a perpetuação viciosa de múltiplos acontecimentos que retiram todo o significado à palavra infância durante a vida destes miúdos, o que constitui uma tremenda ironia, já que foi justamente isso o que nunca viveram.

Sabemos que muitos podem transmitir a impressão de, ironicamente, serem pós-graduados na universidade da vida, curso diurno e nocturno, como se fossem adultos em corpos de criança, mas quase todos mantêm vulnerabilidades típicas de etapas infantis não resolvidas. São os exemplos das falhas nas experiências relacionais, da incapacidade de escolher e decidir de forma autónoma, da intensa dependência afectiva, da não integração do desenvolvimento afectivo-sexual, da dificuldade em manter uma auto-censura com sentimento de culpa e concomitante necessidade de reparação. De facto, quanto mais aparentemente fortes por fora, mais frágeis por dentro, numa tradução possível da carapaça defensiva que visa a protecção do lado mais profundo e verdadeiro do «self».

É triste continuar-se a subestimar ou a denegar a evidência de gerações de crianças e adolescentes que só vivem experiências de fragilidades e conflitos de adultos e da sociedade, como a violência, o alcoolismo, o abuso de drogas ou os crimes sexuais, sem que se pare para reverter a situação. Os seus sintomas não são mais do que a expressão da realidade patológica que lhes oferecem. Lado a lado, continua a correr uma posição social de passividade e tolerância face a todos os que são responsáveis por estas crianças.

Por outro lado, entre aqueles que são referenciados, existe já uma percentagem muito importante que, entregues a instituições do Ministério da Justiça por infracções delinquentes, saem directamente para engrossar, no futuro próximo, o número de detidos em estabelecimentos prisionais. Descuidar a sua reabilitação e reintegração psíquica e social é desperdiçar a última chance possível na vida de milhares de crianças e adolescentes.

Mantendo a certeza de que tratar estas situações será sempre tarefa de extrema dificuldade e com taxas de sucesso baixas, há que continuar a investir afectiva e economicamente em unidades de regime residencial e educacional que estejam aptas a receber os que estão psiquicamente em pior situação, respondendo com condições técnicas e humanas de alta qualidade.

Tratar crianças em risco sai caro. Muito caro. Mas tratar doentes mentais adultos ainda mais. E toxicodependentes, muito mais. E presos muito mais ainda. E então?

Por último, faltaria ainda discutir um ponto fulcral:

Um Estado precisa de leis, tal como estas crianças e adolescentes precisam de normas e regras bem definidas a não transgredir. E se a sociedade merece a protecção necessária, também estas crianças e adolescentes a merecem, pois só esse é o segredo da eficácia da diminuição destas evoluções. Ou seja, quanto mais protegermos crianças e adolescentes de um meio exterior patológico, mais estaremos a evitar a perpetuação de problemas graves. Só que a actuação tem de ser precoce e envolver uma hierarquia de responsabilidades que possa responder pelo destino de todas as crianças. A pergunta «quem é responsável por mim» tornou-se difícil de responder.

Por exemplo no caso do Bruno, quando aos 12 anos enfrentou o curador de menores, onde estava a mãe que o negligenciou? E o pai que não quis saber do filho? E o padrasto que o maltratou? E o pedófilo que dele abusou? Que respostas deram? Que punição tiveram? Nenhuma. Nenhuma, como na quase totalidade dos casos semelhantes que conhecemos. Pois se todos tivessem sido chamados à responsabilidade, a evolução deste caso seria com certeza outra. Um Estado que impõe bem a sua lei afasta a mais miserável das injustiças, a vingança, a raiva e o ódio.

A espaços diferentes dizia-me o Bruno:

«A minha mãe nunca tomou conta de mim.»

«Se encontrasse o meu padrasto, um dia ele ia ver. Havia de pagar todas...»

«Agora, se visse o gajo que me fez aquilo, dava-lhe um tiro nos miolos.»

LEMBRANÇA

Sou um simples leitor da vida à espera de conhecer os seus escritores num banal encontro de esquina, pois o que escrevo por mim é apenas o que leio dos outros.

Só acrescento é que gosto de lembrar quem conheço, e não esqueço, digo mesmo que não esqueço... E então, é aí que há sempre um par de olhos que entra sem bater à porta, mexe-se por toda a casa num corrupio veloz, como se infinitamente conhecesse todas as divisões e, conforme a idade, bebe uma coca-cola de lata, corre de patins em linha pelo corredor, ou senta-se sozinho a um canto a ouvir uma música boa e depois sai.

Nessas alturas, só volto aos poucos a mim mesmo quando encontro escrito em papéis remexidos na minha memória, frases simples dessas vidas como aquela que nos disse o Bruno:

«Não tragam mais coisas... venham vocês!»

TOCAR-TE

Um dos fundamentos da terapia destas crianças e adolescentes passa pela qualidade de relação humana que se tem de estabelecer. Primeiro há que garantir o suporte exterior básico, como casa, comida, roupa, adultos presentes e genuinamente disponíveis como pessoas (implica terem os seus pontos fortes e fracos, coisas boas e coisas más).

A qualidade dessa relação pressupõe que se olhem e tratem estas crianças e adolescentes com uma neutralidade benevolente. O nível de comunicação afectiva, adequado aos diferentes níveis de desenvolvimento emocional, tem de ser de confiança e perseverança, evitando a repetição traumática de situações a que estiveram sujeitos, nomeadamente as agressivas, de abuso ou perda. A tarefa não é simples, o desafio é constante e implica um desgaste emocional profundo. Essa é a primeira razão por que este trabalho deve ser feito em equipa e ser regularmente supervisionado. Os técnicos envolvidos têm de ter um espaço para analisar as suas atitudes, dúvidas e angústias. No final, se o trabalho terapêutico for bem conseguido, é possível esperar mudanças importantes em todas as partes implicadas no processo (crianças e adultos).

Dissemos que a primeira experiência básica que é preciso dar a estas crianças e adolescentes são as experiências humanas equilibradas e gratificantes, como forma de suplecção do «eu». O efeito pode ser surpreendente, quando traduz a primeira experiência de serem realmente tratados como pessoas. E ser tratado como pessoa é o primeiro passo para uma criança se sentir real, já que isso é mais do que simplesmente existir como um conjunto de células, tecidos, órgãos ou sistemas, enquadrados num meio envolvente.

Quando o conheci em consulta, o Bruno dizia:

«Eu sou um bocado parecido ao lixo. Ninguém me quer.»

Por isso, durante bastante tempo, vivia com dificuldade todas as experiências novas que descrevi. Por exemplo, foi preciso repetir e interpretar a sua desconfiança em relação a alguns dos nossos movimentos iniciais, como os fantasmas de sedução sexual e abuso físico que vivera com outros adultos. Ou, quando estabeleceu uma ligação, entendendo que as nossas ausências não seriam abandonos ou rejeições.

Depois, é necessário remarcar regras e limites. A responsabilização e autonomização progressiva do «eu» passa por várias etapas, entre as quais a necessidade de contenção que é fundamental. Com isso, será auxiliada também a função de enfrentar e lidar progressivamente melhor com a frustração.

Só com actos mantidos de dignidade, respeito, responsabilidade mútua e valorização que visem um reforço narcísico, se podem melhorar as relações intrapessoais e depois as relações interpessoais que são a base de toda a reaprendizagem da vida. Estas crianças e adolescentes vão, em pequenos passos, progredindo numa visão mais harmónica e gratificante de si mesmos. Para isso, tal como os emocionalmente mais imaturos, estão particularmente dependentes dos adultos, sobretudo da forma que estes os olharem e da imagem que lhes devolverem.

Nem todos vão conseguir atingir estes patamares, mas com todos poderemos tentar. Mesmo que a verdade seja «não vamos conseguir», a esperança não deve morrer ao início. No final, é possível perceber que, mesmo assim, com sucessos e insucessos aprendemos, pois mesmo as crises e os momentos negativos são uma boa oportunidade para o crescimento.

Por último, podemos novamente acrescentar o que já é sabido por quem trabalha na área: muitas das instituições destinadas a dar suporte residencial e educacional a crianças de risco ou em risco, mantêm ainda um funcionamento distante do ideal.

Apesar de esforços consideráveis da parte de algumas estruturas, é na qualidade do trabalho que ali se desenvolve que as insuficiências se mantêm. Há excepções, claro está, devidas à qualidade humana dos adultos que ali trabalham. Mas é também exigível que, mesmo nos casos em que este último aspecto está presente, se espere uma qualificação técnica adequada dos que aí lidam com este tipo de crianças e adolescentes: «Só amor não basta», escrevia Bruno Bettelheim, mas também só intuição não é suficiente, poder-se-ia acrescentar.

Nos casos de crianças e adolescentes institucionalizados que conhecemos e que tiveram evolução mais negativa, existiu quase sempre por parte dos adultos um repetição consciente ou inconsciente do mesmo tipo de experiências a que as crianças estiveram sujeitas.

A Carla era uma menina em que as múltiplas privações resultantes de uma situação de negligência incluíam a fome. Mais tarde, já em colocação institucional, era castigada pela privação do jantar a propósito do seu mau comportamento.

O Diogo, rapaz de 8 anos, arrumava carros para arranjar dinheiro para o consumo de droga dos pais senão «ficava fechado na rua», mas ao ser castigado pela supressão de mesada desencadeou uma intensa crise de ansiedade que o levou a furtar dentro da própria instituição.

Na psiquiatria da infância e adolescência falamos muito da importância da noção de autoridade protectora, de que a própria criança ou adolescente é também dela autor, submetendo-se a regras e limites em que ela mesma toma papel activo e progressivamente responsável. Para existir e ser exercida pressupõe que na relação e comunicação entre adultos e crianças que convivem no dia a dia institucional exista um nível de confiança e respeito mútuo. O trabalho de equipa e de supervisão do «staff» é fundamental, pois que hesitações e falhas, ligadas a identificações e projecções patológicas são sempre possíveis de boicotar os objectivos finais, como na história que agora vos vou contar.

É sobre o Nelson, um rapaz de 13 anos que estava numa instituição em regime de internato. A sua organização depressiva era nítida, mas a sua expressão em equivalentes somáticos e comportamentais ignorada. Ao fim de cinco meses, fez uma tentativa grave de suicídio cortando os pulsos (flebotomia), já depois de ter manifestado outros comportamentos autodestrutivos como mutilações com canivete e ingestão de tintas. A resposta dada foi:

«Para a próxima quando te quiseres matar faz isso bem, ouviste? É que nunca acertas em nada do que fazes!»

E mais. Como à tentativa de suicídio foi dado um entendimento pejorativo ao seu carácter apelativo, «está só a chamar a atenção» disseram, o Nelson foi castigado e fechado no seu quarto. Ao fim do dia lançou fogo à roupa e foi retirado entre algumas chamas e muito fumo.

Vale ainda a esperança que grupos de pessoas continuam a «emprestar» em alguns locais que acolhem crianças de risco, lutando silenciosamente contra adversidades. É que trabalhar nesta área implica uma carta básica de intenções a não esquecer:

— uma forte crença no potencial evolutivo e lado saudável de qualquer criança, mesmo daquelas que sofreram importantes traumatismos psicossociais;

— o reconhecimento de dificuldades intrapsíquicas, ponto de partida e de chegada à volta das quais o crescimento futuro está dependente;

— a existência de um mundo interior das crianças, assente nas suas experiências prévias de vida, que constantemente afecta os seus pensamentos, sentimentos e sobretudo os seus actos, pois que sem isso arriscamo-nos a responder num esquema de perpetuação em círculo vicioso;

— que um conhecimento assente em princípios psicodinâmicos pode ajudar muito nas tarefas de compreensão das verdadeiras necessidades das crianças e adolescentes;

— que são as relações interpessoais de boa qualidade, a base para a vivência terapêutica do dia a dia e a chave para as crianças crescerem, aprenderem e reintegrarem-se no mundo social. Isso implica que entre todos exista um nível de comunicação de igual valor adequado à idade e nível de desenvolvimento emocional;

— respeito pelos pais, família, comunidade e meio de que a criança é originária e à qual sempre tenderá a regressar (para o melhor ou pior), independentemente de qualquer situação psíquica, social, racial ou religiosa, e um esforço pela tentativa do seu envolvimento activo nas mudanças desejadas;

— necessidade de um trabalho executado por um grupo técnico de muito boa qualidade humana e técnica, correctamente supervisionado.

O caso do Bruno chegou a uma situação terminal comum para muitas crianças e adolescentes em Portugal, e que tem a ver com a ruptura ou ineficácia conjunta de medidas dependentes da saúde, justiça, educação e segurança social.

A saúde mental infantil e juvenil é uma área repetidamente adiada da medicina. Especialidade tomada como parente pobre, vê a sua importância várias vezes denegada e atacada. Por outro lado, e muitas vezes, autoconsome-se em respostas rigidificadas de modelos já pouco compatíveis com as mudanças radicais da sociedade nos últimos anos.

Poucos, muito poucos mesmo, chegam a uma consulta de especialidade. E as crianças e famílias que aí chegam, podem ver a eficácia de uma resposta adiada: as condições de trabalho de muitos técnicos continuam abaixo do limiar da dignidade. As listas de espera crescem exponencialmente e o número de técnicos diminui quase na razão inversa. Ao mesmo tempo, muitas intervenções são difíceis e morosas, e não se compadecem com imediatismos menos sérios.

A nível europeu e mundial cada vez menos o Estado investe directamente na saúde, passando esta para as mãos de privados ou de seguradoras. Acontece já em muitos países que a uma criança que necessita de tratamento prolongado é apenas oferecido um número máximo de seis ou dez consultas por ano. As indústrias farmacêuticas rejubilam e aparecem novas moléculas para psicofármacos; é pois possível que o futuro seja, infelizmente, com um número cada vez maior de crianças medicadas mas, paradoxalmente, mal tratadas do ponto de vista médico.

O sistema de educação continua sem alternativas suficientes para estas crianças; as escolas vêem-se invadidas por situações-problema que não podem ou não sabem dar resposta. Currículos alternativos, escolas de ensino técnico-profissional são poucas e as que existem estão permanentemente cheias. Os psicólogos dos Serviços de Psicologia e Orientação não têm mãos a medir e vergam perante a carga das orientações escolares. Os professores disponíveis para apoios educativos são poucos e a formação que têm é muitas vezes desfasada da compreensão dos problemas emocionais, que ocupa mais de 95% dos que necessitam de necessidades educativas especiais.

A rede de resposta social tornou-se inevitavelmente diluída nas grandes cidades e subúrbios, e debilizou-se num país que vê aumentar o fosso entre ricos e pobres. As instituições de apoio abdicaram do seu papel social para se transformarem em pequenas empresas de rentabilização de dados estatísticos sobre progressos escolares, sucesso educativo, etc... Ficam cada vez mais de fora os que estão em maior desvantagem social. Para quando uma lei de mecenato social que permita atractivos para privados investirem lucros neste sector?

Por último, e como já explicámos, o sistema jurídico, passo último e primeiro de protecção legal da infância, é lento e muitas vezes ineficaz. Os processos chovem e as saídas práticas são poucas. Há situações que correm inalteráveis ao longo de anos. A ruptura é sempre eminente.

Adultos responsáveis por autênticos crimes e atentados contra a infância mantêm-se impunes. Sabemos que quando se trata de pôr frente a frente direitos dos adultos *versus* direitos das crianças, pode ser difícil conciliar interesses, mas o que na prática acontece é que se opta, vulgarmente, pelo esquecimento ou anulação da fatia respeitante aos mais pequenos, que são sempre os mais desprotegidos.

MORRER POR

No meu tempo de adolescente havia, entre tantas outras, uma música realmente inesquecível.

Se pudéssemos traduzir a sua letra, diria qualquer coisa como esta mensagem bonita de morrer por:

«Eu quero que tu me queiras
Eu preciso que tu precises de mim
Eu gosto que tu me ames
Eu peço que tu me desejes.»

CAPÍTULO 2

O MASSACRE DOS INOCENTES

DO SOFRIMENTO PSÍQUICO FACE AO ÓDIO, VIOLÊNCIA E ABUSO

PRÉ- AVISOS

«Quero que todos sejam felizes.»
W.H. AUDEN, *O Massacre dos Inocentes*

É impossível calar o que se aprende a escutar.

Como podem bocas feitas de silêncio manter-se invioláveis?

Esperemos que o tempo possa resolver aquilo que por agora não podemos fazer.

Quero comover com palavras. Quero ver vidas correrem mais descansadas.

DEVE E HAVER

Não deves nada à vida e, no entanto, ela deve-te quase tudo. Pouca sorte. Mas deixa lá, mesmo os mais felizes também sofrem. São como tu. Ou eu. Ou os outros. Têm um sítio onde moram, cumprem os dias banais, fazem desentendidamente gestos, dizem palavras difíceis, perdem-se num corpo distraído e, contudo, são como tu, eu, ou todos nós afinal, desejando a calma do vento quente que sopra a saudade de uma distância quando traz embalado mensagens de quem nos ama.

Não deves nada à vida e, no entanto, ela deve-te quase tudo. Como o direito a escrever só, sobre a palma das mãos em concha, recebendo a água que escorre ensopando o chão árido que pisas. Flores — muito cuidado — crescendo a teus pés, súbitas, bruscas, cobrindo-te de todos os cheiros que mereces, das cores que desejas que abracem o teu coração.

Não deves nada, e por cima, a vida, a estrada do céu de alcatrão azul pintado, estrelada, pintalgada para a festa de um tango de cometas estonteados. E, no entanto, são quase tudo instantes, não te importes, a verdade há-de cavar a cama onde podes sonhar com o que quiseres.

E, um dia, quando te visitarem novamente os dias tristes, põe no braseiro um braçado destas memórias e em lume vivo sentirás provavelmente nostalgia, ou mesmo uma dor intensa no lado esquerdo do peito, mas deixa lá... Esse é um calor terno que te fará sentir coisas inesperadas, palavras, frases, versos que sem rancor cantarão até te embalarem, noite fora, para que possas então amar e dizer «este é o meu mundo que eu quero para ti», e sem vingança reconhecer depois justiça feita sobre alguns dos piores excessos da vida.

Não deves nada à vida e, no entanto, devendo-te ela quase tudo, foste capaz de lhe dar a luz de que os teus olhos se cobriram. Parabéns.

LIBERDADE

«A liberdade é eu ter paz e sossego!

É eu poder um dia estar a comemorar com a família todas as coisas boas da vida, é eu sair do colégio e os meus pais saírem da cadeia.

Custa muito ficar sem liberdade...

Só quem passa por isso é que percebe que ter liberdade vale tudo na vida» (Fernando, 13 anos, in «Liberdade», Colégio Padre António de Oliveira, Instituto de Reinserção Social, 1999*).*

O ASSASSINATO DA ALMA

«As crianças são violentas porque precisam de o ser e não porque lhes apetece... A violência é especialmente praticada por falta de alguma coisa que elas precisam... A única maneira de as desencorajar a fazerem isso é descobrir o que é que lhes faz falta» (António, 12 anos).

« A principal causa da violência é ter pais ausentes na infância» (Ana, 13 anos).

O «assassinato da alma» e outros crimes altamente lesivos do funcionamento infantil resultam habitualmente de traumatismos impostos pelo meio exterior e continuamente mantidos sob a forma de um cenário, e que são sentidos como particularmente invasivos já que submergem de emoções impensáveis todo o aparelho psíquico. Podem resultar de um acontecimento brusco, mas vulgarmente provêm de um somatório de situações que, a partir de determinado momento, ultrapassam o sistema defensivo utilizado para se poder continuar a sentir, pensar e viver.

De facto, existe um certo número de crianças que passam repetidamente por experiências de vida marcadas por presenças intrusivas ou ausências dolorosas, isto é, conheceram apenas os extremos da escala da boa distância afectiva. Estes dois pólos opostos podem significar o mesmo inimaginável sentimento de perda (de ligação, confiança, esperança, etc.). Onde deveriam ter sentido uma riqueza relacional, muitos sentiram um vazio ou uma explosão desagregadora do seu universo infantil.

Ora, no decurso do desenvolvimento humano, a qualidade de relação vivida com quem está mais próximo durante os primeiros anos de vida marca as raízes do relacionamento connosco próprios e com os outros. É o que interiormente aprendemos e vivemos que vamos depois transferir para o exterior, quer seja na família, na escola ou na sociedade em geral. Hoje, sabemos muito bem que insuficiências iniciais conduzem a estados de vulnerabilidade e fragilidade estruturais futuras, com vivências traumáticas de perda, fragmentação, separação, destruturação, despersonalização, não existência e desvalorização crónica.

Estas distorções relacionais que, em muitos casos, são depois cumulativamente vividas, implicam vários graus de resposta psíquica, como os trabalhos pioneiros de René Spitz (1946) demonstraram a propósito da depressão anaclítica em bebés subitamente afastados da sua mãe por um período longo e mantido. Também John Bowlby, outro grande clínico de vulto da psicologia infantil do século XX, as descreveu nos seus estudos sobre vinculação e perda, referindo três fases progressivas:

— protesto, correspondendo a uma angústia de separação inicialmente sentida;

— desespero, tradução de um luto emocional pela pessoa ou coisa perdida;

— desistência, que significa uma desvinculação emocional defensiva.

Estas noções são muito antigas em psiquiatria infantil, e são comprovadas em muitos estudos e análises nos dias de hoje; é pena que por vezes não se tome a sério o que as crianças dizem sobre os seus próprios sentimentos, necessidades, medos ou mesmo a sua própria versão da vida, pois quando a isso estamos atentos é muito mais fácil entendê-las e ter, de facto, uma intervenção precoce e reparadora.

Quando a criança interioriza modelos de relação distorcidos, ela vai repetir sistematicamente o que foi apreendido nessas experiências precoces, em padrões de comportamento desviantes que se fixarão em quadros clínicos patológicos no adulto se não se intervém com uma relação terapêutica reparadora. Particularmente vulneráveis são as crianças que crescem no vazio afectivo ou sob modelos de relação inseguros, ambivalentes ou rejeitantes.

Depois, existem as várias saídas patológicas para este sofrimento. Uma que parece muito actual tem a ver com o aumento de actos de extrema violência, agressividade e destrutividade cometidos por crianças e adolescentes, isoladas ou em grupo, expressão de uma raiva e ódio muito acentuados.

A violência tem sempre uma enorme repercussão social, independentemente dos factores que a podem influenciar, e podemos realmente acreditar que ela é uma forma de exteriorizar uma série de experiências traumáticas previamente acumuladas no interior, que ficaram marcadas em traços mnésicos antigos, mantidos no inconsciente e, por isso, pouco acessíveis à expressão verbal ou a outra elaboração mental. Percebemos assim que a organização de uma estrutura de funcionamento em que predominam afectos como a raiva e o ódio, traduz a emergência gradual de situações em que as crianças e adolescentes não encontraram outro modo de saída para tensões de ansiedade, culpa, vergonha ou medos. A acumulação progressiva de episódios traumáticos implica uma total incapacidade defensiva para lhes fazer face, e o resultado final pode ser a não-organização ou destruição de limites ou fronteiras entre passado e presente, memórias conscientes ou inconscientes, realidade interna ou externa, sentimentos e pensamentos, corpo e alma (psique), em quadros clínicos onde predomina a confusão contra o desespero.

Outro factor a que se assiste com frequência tem a ver com a presença de elementos sexualizados combinados com comportamentos violentos, numa expressão erotizada do ódio. Embora adiante se aborde este assunto detalhadamente, vale a pena destacar já que, do ponto de vista psíquico, este tipo de violência tem consequências patológicas na capacidade de separação e individuação, e em falhas narcísicas precoces e respectivos núcleos depressivos a elas associados.

Melanie Klein, pioneira no campo da psicanálise infantil, teorizou nos anos 40 que, no final do primeiro ano de vida, afectos positivos e negativos dirigem-se para o mesmo objecto. Nas boas evoluções dominaria esta posição depressiva e não a posição paranóide de constantes clivagens entre lados bom e mau. Vemos como é da maior importância que uma criança pequena possa crescer tendo referências predominantes de bons modelos. Se o contrário acontecer, haverá um risco de introjecção e identificação exclusiva ao lado negativo, com um inevitável «handicap» nas futuras relações emocionais, pois a partir daí o que é percepcionado na realidade exterior é internalizado de uma forma modificada e negativa de acordo com essas experiências pessoais já previamente integradas.

Um exemplo que recordamos é do efeito da «Casa dos Espelhos». Quando nela entramos rimos de nos ver muito altos e magrinhos ou muito baixos e gordos. Rimo-nos porque sabemos como somos, conhecemo-nos com segurança e temos um bom pedaço de auto-estima que nos leva a aceitarmo-nos dessa forma, e também por que já nos olhámos anteriormente em outros «espelhos» e assim sabemos bem que aquela imagem não é verdadeira, mas representa uma distorção da realidade. Mas o que se passa neste tipo de crianças e adolescentes de que estamos a falar é precisamente o contrário; a imagem real é para eles a distorcida e vice-versa.

O Miguel tinha 9 anos quando o conheci, e parte do seu funcionamento como criança era bem um exemplo desta situação. Uma cara muito redonda, um olhar vivo mas triste e estas palavras na 1.ª consulta:

«Venho cá para falar com o senhor, é doutor não é, porque eu sou mau, sou mentiroso, só dou trabalho aos meus avós, tenho soberba e até tenho a gula, acho…» (suspiro)

«Sentes-te mesmo isso tudo ou é o que dizem de ti?»

«Quer dizer, dizem… Mas eu sou mesmo assim.»

«Não sei, não estou nada tão seguro disso como tu. Nem sei se até sabes o querem dizer algumas dessas palavras: a gula, a soberba…»

«É. A sério… (silêncio)… Quer ver, olhe: ontem andei a tirar as lâmpadas lá de casa e parti todas, esmigalhei-as todinhas, e depois atirei tudo pela janela abaixo. E depois há… bem o senhor é doutor, não é, e eu posso contar, se quiser, mas tenho vergonha…»

«Bem, aqui só quero que tu fales do que quiseres ou achares que é importante para ti.»

«É que eu também faço muitas coisas que são feias, mesmo muito feias, sabe... Eu venho cá mais vezes?... (e seguindo sem que eu lhe dissesse nada, apenas me mantinha olhando-o, sorrindo)... É que eu gostava de ficar cá internado, já vi lá em baixo que isto aqui tem muito convívio.»

Conheci esta criança extremamente apelativa na Casa da Praia. Não foi referenciada à consulta. O Miguel chegou-nos por sugestão da assistente social que recebeu o seu pai e madrasta a propósito das dificuldades escolares do seu meio-irmão. Chamou a atenção o facto de esses dois adultos repetidamente se referirem ao Miguel como o «maricas do bairro». Inacreditável.

«Porque é que a gente lhe chama assim? Oh, faz coisas com os outros miúdos que não lhe ficam bem, baixa as calças e chama os outros rapazes... Também já fez isso com os nossos filhos, umas vezes que lá dormiu.»

A auto-imagem do Miguel era a que nos mostrou e vemos como os adultos o achavam. *«Espelho, espelho meu...»*. Mas qual a realidade exterior que o levou a essa ideia tão negativa de si mesmo, e que adultos tinha à sua volta que lhe passavam apenas essa imagem?

A história sem rodeios era esta: Miguel, 9 anos, 3.ª classe, vive num bairro pobre, ribeirinho. Um menino de aspecto engraçado, moreno, modestamente vestido, pouco limpo. Abandonado há dois anos pela mãe, com quem vivia mais um padrasto. Mãe prostituta. O pai reconstruiu a vida e via-o muito esporadicamente. Entregue aos cuidados da avó materna que vive com um companheiro alcoólico.

Entre os 5 e os 7 anos o Miguel foi sistematicamente abusado pelo padrasto, que enquanto o usava como objecto sexual, repetia palavras e frases de conteúdos altamente abusivos.

A avó usa-o como foco de projecção dos seus conflitos com a própria filha a quem perdeu o paradeiro e do pai que estava distante.

Culpava-o de todos os pecados mortais (daí a gula e a soberba...). O actual companheiro da avó, ao saber da repetição das cenas do Miguel com os outros rapazes do bairro (por compulsão à repetição e identificação ao agressor) confirmava-o no negativo:

«Ele diz que eu vou ser *travestis* ou lá o que é isso...»

Era esse mesmo homem que também comia os lanches que a criança levava da escola. Inacreditável, novamente, com muitos requintes perversos repetidos.

«Só acho triste que haja adultos assim.» (Francisco, 12 anos)

«Os rapazes sofrem mais tarde. Às vezes são violados por um familiar; nessa altura passa, mas uns anos mais tarde revoltam-se.» (Ana Rita, 12 anos)

«Devia-se criar uma instituição obrigatória para todos os pais ou aqueles que tratam das crianças testarem a sua capacidade mental para ver se podiam tomar conta ou não dos filhos.» (Patrícia, 13 anos)

«Tu não és nem vais ser isso que dizem de ti», disse ao Miguel.

«Como é que sabe que é verdade?»

Quando lidamos com estes casos, precisamos depois de um espaço para respirar e pensar como é possível uma criança viver com esta realidade e, depois, como poderemos ajudá-las a sobreviver sem este enorme peso das marcas do que sofreram.

Por contraste, reavivo memórias saudáveis do que é o dia a dia de outros meninos de 9 anos, no contacto com um grupo de crianças da 3.ª classe da cooperativa A Torre. Numa manhã em que as observo, aprendem, brincando com uma receita de gelatina, o valor da metade e do quarto. A gelatina vai ser a sobremesa do almoço. Escrevem histórias sobre «Ulisses e o Cabo da Boa Esperança», ou «Os Amigos» que começa com *«Era uma vez um menino que se chamava Pedro e tinha um gato chamado Pompeu»* e termina com *«Quando chegaram a casa, no dia seguinte, era Natal. Eles todos receberam presentes...»* Ouvem pela voz calma do professor um conto infantil. Jogam à bola, felizes, no intervalo e um deles, equipa à Barcelona:

— «É à Figo... Queres jogar?»

E eu digo «quero» e dou uns toques.

«As crianças não são violentas por natureza... Aquilo que fazem são reflexos como são tratadas.» (Sara, 15 anos)

« E como já disse, crianças que convivem e estão sujeitas a violência têm tendência a gerar nova violência.» (Lurdes, 13 anos)

«Os adultos são violentos quando em pequenos foram violentados por várias coisas.» (Rita, 12 anos)

« Porque no fundo esses miúdos tiveram foi uma má infância.» (João, 15 anos)

Talvez possamos destacar alguns padrões que hoje em dia mais encontramos como forma de relação patológica entre pais e filhos que posteriormente seguem as evoluções psíquicas de que falamos.

— Alteração da qualidade de relação pais/crianças nos primeiros anos de vida:

Pais ou adultos que não existem na vida afectiva das crianças. Ou só existem umas vezes e, subitamente, deixam de existir para poderem (ou não) voltar a aparecer quando querem, e não se os filhos precisam. Pais que, existindo, persistem numa relação com os filhos em que predominam padrões de distorção ou confusão, como os que deles abusam do ponto de vista emocional, físico ou sexual.

Para estas crianças cresce o risco da construção de uma ideia de si próprias e do mundo em que falha a confiança básica. Com vários níveis de dependência, ou seja, dificuldades no estabelecimento de fronteiras entre elas próprias e os outros, perdem a capacidade de atribuir um significado ao que sentem e pensam ou ao que os outros sentem e pensam. Tendem a agir constantemente, sem conseguirem ultrapassar o sentimento de desconforto imediato e repetidamente sentido, pois nunca nada está bem e se estiver com certeza não será por muito tempo. Podemos dizer que se organizam num modelo de fragmentação temporal e espacial.

Cresce também o risco de se manterem sentimentos de desconforto com fracas expectativas sobre qualquer possibilidade de viver experiências de afecto e conforto. Nalguns casos, o mundo não é sentido como hostil mas a maioria das experiências implica este sentimento de insaciável insatisfação.

Um pai que repetidas vezes tinha abusado sexualmente da filha, quando observado na Equipa-2 do Departamento de Pedopsiquiatria, respondeu assim perante a necessidade de notificação a Tribunal de Menores:

«Se me tirarem esta menina, faço outra.»

— Alteração psicológica de um dos pais, de ambos, ou da dinâmica familiar:

Pais toxicodependentes. Pais alcoólicos. Pais com personalidades narcísicas. Pais perversos. Pais com perturbação depressiva muito intensa e crónica.

Se o meio envolvente da criança, e nomeadamente os seus personagens de referência materno e paterno, são «doentes» e mantêm com ela relações distorcidas e patológicas, o «eu» em estruturação não se pode desenvolver harmonicamente, pois o que apreende do mundo externo são modos de viver e sentir deturpados, confusos, agressivos ou violentos.

Face a modelos imprevisíveis, cresce nas crianças o risco de sentimentos de imprevisibilidade, sem capacidade de mudança, numa espécie de congelamento ou sideração perpétuos perante as circunstâncias envolventes. Estas crianças sentem-se indesejadas, mais até do que rejeitadas, e o sentimento de ser indesejado pode implicar uma experiência prévia de ter sido querido e investido emocionalmente pelo adulto (o que nalguns casos pode ter sido realmente possível e não apenas corresponder a uma idealização defensiva da criança), enquanto o sentimento de rejeição parece mais ligado à percepção de existir num universo regido por forças centrípetas, de dispersão.

Noutros casos, a reacção depressiva conduz a um enorme esforço das crianças de parentalização dos próprios pais ou de outros irmãos, num funcionamento de «falso-self» organizado para prestar cuidados como se de adultos se já tratassem (as crianças fazem o papel de mães das suas próprias mães, por exemplo).

Recordo-me da Cláudia, de 10 anos, que perante o alocoolismo da mãe e uma doença invalidante do pai, que permanecia acamado, precisava de tratar dela própria e dos seus dois irmãos mais novos, pagando, entre outros, o preço de um absentismo escolar.

— Múltiplos dadores de cuidados ou substitutos parentais:

Por ausência temporária, definitiva ou intermitente dos pais, ou mesmo pela sua incapacidade parental, muitas crianças vivem entregues à sorte de não pertencerem a ninguém. A multiplicidade de caras e locais que conhecem sem nenhuma ligação especial a uma que seja, deixa-os sem o sentimento básico de pertença. Um exemplo é o das crianças institucionalizadas muito cedo e cujo projecto de vida não se organiza para que outro padrão mais consistente lhes possa ser oferecido.

Crescem no risco de uma suspeição básica em relação à fiabilidade dos adultos que pode tornar-se extensiva a tudo ou todos que a rodeiam, vulgarmente acompanhada de denegação do negativo e de uma idealização da mãe ou pai ausentes, como quem mantém viva a esperança de uma saída mágica. As defesas postas em funcionamento são sobretudo a defesa maníaca, a denegação e a idealização.

A Cátia é uma menina de 7 anos que vive agora entregue aos cuidados da avó. Até aos 3 anos viveu com os pais, mas pelas dificuldades destes estava quase todo o dia em casa de amas clandestinas (várias durante esse período). Ficou depois com uma tia, mãe de três filhos que a cedeu a instituições. A seguir, foi entregue a esta senhora de idade, sem qualquer capacidade emocional e sócio-económica, que ameaçava ir devolvê-la aos pais, de quem entretanto se tinha perdido o paradeiro. Por último foi decidida a sua colocação institucional.

Aos 7 anos a Cátia é uma menina que mantém uma imparável agitação na escola e em casa, sinal de uma total incapacidade em mentalizar o seu sofrimento depressivo. Denega completamente o impacto de todos os acontecimentos negativos que viveu, ao mesmo tempo que persiste num padrão relacional de enorme sedução. Diz para mim:

«Eu sou mesmo linda, não sou professor? Olha, se não me deres isto nunca mais ponho esta saia bonita que trago hoje... A sério, professor».

— Abuso pelos adultos:

Muito comum, quer seja pelos próprios pais ou outros como padrastos, madrastas, tios, avós, ou outros elementos da família alargada. Crianças frágeis, inseguras, ávidas afectivamente, elas próprias sedutoras numa primeira fase (já que a sedução é sempre um apelo) vêem-se por isso mesmo mais facilmente na posição de presas fáceis de possíveis abusos. Além do abuso emocional, tão comum como difícil de medir no seu impacto futuro, destacamos a alta frequência de abusos físicos e sexuais.

Crescem no risco de aumentarem e manterem no seu interior sentimentos penosos de culpa, vergonha, medo, desconfiança, zanga, ódio e raiva, vivendo na incapacidade de responder perante isso e cercadas pela própria transformação desses episódios em perseguidores internos. Mantida em latência, a crise despoleta sempre abertamente na adolescência, com a habitual exteriorização sintomatológica (muito polimorfa) intensa, quando a atribuição de um significado consciente aos factos vividos se torna inevitável.

Implica sempre viver com os adultos com uma certa apreensão, com uma parcela importante do mundo interno sentido como incomunicável: é o segredo ou silêncio mantido quer sob coacção externa (o abusador que ameaça dizendo «se contas, mato-te») ou interna (em que «dizer é pior que não dizer», por tudo o que isso implica), ambos alimentados pela força dos sentimentos descritos.

Contudo é comum persistir um nível de esperança muitas vezes traduzível pela posição infantil de atribuir a um adulto a capacidade de intuir ou perceber a situação sem que ela, criança, a tenha que descrever. Um «eu estava à espera que descobrisse isso em mim e me dissesse porque eu não lhe era capaz de dizer», como me expressou um rapaz de 14 anos no decorrer de um seguimento em consultas.

O caso do Filipe, que conheci aos seus 13 anos, sintetizava todos estes modelos.

Realizei a primeira consulta na sequência de um pedido de urgência feito pelo seu médico de família. O Filipe fora por ele observado recentemente por queixas somáticas muito importantes: dores abdominais vagas mas muito intensas, cefaleias, desmaios frequentes. Só nessa altura o Filipe contou que estava ser vítima de abuso sexual. Mas infelizmente esse episódio apenas foi o culminar de um ciclo antigo e repetido de sofrimento.

O Filipe foi o quarto filho de uma mãe jovem. Os outros irmãos eram todos de pais diferentes e foram cedidos a instituições (duas meninas) e a uma tia (um rapaz). O seu pai era toxicodependente; a relação entre os dois adultos degradou-se, a pobreza social e económica instalou-se, os maus tratos múltiplos a esta criança tornaram-se no padrão habitual. Rapidamente o Filipe acabou por ser entregue a uma avó, com quem esteve até aos 7 anos.

Filipe aos 13 anos: pequeno, franzino, cabelo escuro encaracolado, olhar atento mas de fundo triste.

«Depois a minha avó morreu. Tive muita pena. Tenho saudades dela, porque a minha vida piorou muito a partir daí. Quer dizer, tive muitas dificuldades.»

Aos 7 anos regressou a casa dos pais. O pai já estava ausente. O novo companheiro da mãe regia-se pelo mesmo modelo de abuso. Os registos que desse período ficaram lavrados em Tribunal de Menores são uma descrição assustadora de uma realidade crua de tão extrema violência. Dois anos depois do processo ter sido aberto, repito, dois anos depois (!), o Filipe é retirado a esta família. Tinha 9 anos quando foi confiado à guarda de uns padrinhos.

«Os meus pais, quer dizer a minha mãe e ele, batiam-me muito, lembro-me de tudo. Também uma vez ataram-me à linha do comboio para eu morrer, mas não morri. Do meu pai mesmo tenho pena, acho que ele não era o culpado... Eu acho que nunca tive uma mãe.»

Pouco tempo depois de estar a viver com estes familiares, o padrinho morre e a madrinha fica sem possibilidades económicas para manter sozinha a guarda do Filipe, que é então colocado numa instituição muito distante da cidade onde então vivia. Tem nessa altura 10 anos, e passa a visitar a madrinha apenas nos períodos de férias. Mas tal como descreve, as dificuldades não param. Dos 11 aos 13 anos é sucessivamente abusado sexualmente por dois rapazes mais velhos que viviam na mesma instituição.

«Eu calava-me porque eles diziam que se eu contasse isso que me matavam. Eu sei que eles também faziam isso a outros rapazes... Depois pensei: ou eu mato-me ou eu vou dizer isto aos responsáveis do Lar.»

O segredo é mantido durante dois anos. Especialmente durante o último ano a intensidade e repetição dos episódios agrava-se. A ideação suicida nasce e aumenta:

«Podia atirar-me da ponte abaixo.»

A quebra escolar tornou-se nítida:

«Já não conseguia aprender nada, estava sempre com isto na cabeça.»

A expressão somática, corporal, tornou-se numa constante, com recurso a várias consultas de diferentes especialidades e uma hospitalização num hospital pediátrico sem que nada de orgânico fosse detectado e sem que o lado psíquico fosse averiguado. O Filipe tornou-se numa criança triste, inibida, tensa, sem sentimento de esperança e de ajuda possíveis.

«Achei que isto não ia acabar. Como é que podia acabar, eu não ia dizer, o que é que eu podia fazer?»

Com o ritmo crescente dos abusos, correspondente à sua maior maturidade física-sexual, e num acto de apelo final, o Filipe conseguiu dizer aos responsáveis da instituição onde vivia o que se passava. Conta que obteve a seguinte resposta:

«O melhor é estares caladinho que ainda nos arranjas problemas.»

Este episódio serviu para confirmar e manter a experiência de um meio envolvente traumático, de confusão, desrespeito e intrusão violenta, o que teve como resultado o aumento de todos os sintomas já descritos. Foi então que, notando substanciais diferenças no humor e comportamento do Filipe, a madrinha tomou conhecimento de todos os episódios.

Ajudar o Filipe foi quase partir do ponto zero de uma reconstrução psíquica.

Valeu ele ter ainda um lado sobrevivente espantosamente vivo, talvez produto dos anos de vida que passou com a avó. Mas aos 13 anos vacilava numa corda bamba em que a queda para qualquer dos lados evolutivos era bem possível. Por exemplo, no dia em que o conheci, o limiar de confiança em relação a mim era praticamente nulo. Foi necessário dizer-lhe várias vezes frases com um sentido próximo de «eu sei que é possível não confiares muito no que te vou dizer agora, mas nem todos os adultos são iguais… Aqui podemos entender a tua desconfiança e esperar que te possas sentir entendido no que te preocupa... Há coisas que, se quiseres, podemos falar sem teres de imaginar que isso te vai deixar triste, preocupado, com medo ou vergonha...», enquanto lhe explicava que iríamos tratar de arranjar um local diferente onde se sentisse seguro e protegido, onde pudesse viver, estudar, sentir-se bem e feliz, com confiança nele próprio e nos outros, etc.

«A sério? Mas é a sério?»

O tribunal foi então sensível ao exposto, houve um mandado de condução que foi emitido e conseguiu-se num prazo mínimo (como sempre deveria ser e é raro acontecer) uma boa colocação institucional, onde o Filipe fez uma adaptação excelente. O seguimento clínico e o tempo se encarregará de dizer da evolução deste rapaz.

«Muitos pais têm filhos não para os amar e criar, mas porque querem servir-se deles como cobaias ou como satisfação sexual até.» (Patrícia, 14 anos)

«Devia-se pedir aos adultos que imaginassem o que acahavam se fossem eles as crianças a quem estão a fazer essas coisas.» (Sofia, 13 anos)

Num documentário sobre as crianças de rua de São Petersburgo, várias crianças eram entrevistadas sobre as suas experiências de vida. Lembro-me da conversa com uma, de mais ou menos 12 anos:

«Tu tens algum sonho?»

«Sim.»

«Qual é?»

«Queria que a minha mãe fosse uma mãe boa. Era assim que elas deviam ser.»

ROXO DE INVEJA

Num distante castelo de um país longínquo, morava Branca de Neve, uma linda princesa, doce e sorridente. Mas a sua madrasta, a Rainha, invejava-a na juventude e beleza.

«Espelho, espelho meu, haverá alguém mais bela do que eu?»

E foi quando Cinderela, linda no seu vestido feito pelos animais seus amigos, apareceu na sala, pronta para o baile do príncipe, que as suas horrorosas irmãs ficaram loucas de inveja e desfizeram-lhe em farrapos o seu bonito traje de gala. Então, Cinderela chorou tanto que a fada madrinha compadecida, acudiu imediatamente.

E mal sabia o pequeno Simba o que seu tio, o malvado leão Scar, pensava do alto da falésia enquanto o via brincar:

«Como o invejo. Um dia será ele o herdeiro do trono e, mais uma vez, eu ficarei esquecido.»

Estes pequenos excertos de contos infantis da «Branca de Neve e os Sete Anões», «Cinderela» e o «Rei Leão» relembram-nos o que já sabemos: a inveja faz parte do desenvolvimento psíquico individual, embora os problemas possam sobretudo surgir quando uma inveja normal, estruturante, ligada a uma identificação positiva ao objecto invejado que pode levar a uma organização construtiva de boas referências, favorecendo até uma menor dependência emocional, passa a ser um afecto dominante na estrutura psíquica de crianças e adolescentes, adquirindo formas de patologia.

Como adiante veremos, isso surge quando as falhas nas boas relações emocionais com as figuras parentais existem de forma predominantemente negativa, ficando as crianças sem capacidade de, pelo modelo de adultos, integrarem, conterem e transformarem essa inveja.

Nas três histórias que referimos sabemos como, até certos momentos, isso também acontece. O escudeiro, investido na tarefa de levar Branca de Neve para o bosque e matá-la, não o faz. Os sete anões, cada qual à sua medida, aparecem igualmente investidos de uma função reparadora. Em Cinderela, são os pássaros e os ratos da casa que intervêm. Em Rei Leão, é um papel que cabe a Pumba e Timon, quando apoiam o pequeno Simba na sua vida na floresta. Mas chegará?

Juntámos quatro crianças que frequentavam a Casa da Praia, para uma conversa sobre a inveja, dirigida pela professora Ilda Silvério.

O António tem 10 anos. A sua mãe morreu há dois, após doença prolongada, altamente invalidante e arrastada no sofrimento. O seu pai, um homem deprimido e muito isolado durante toda esta situação, nunca conseguiu falar com os filhos da doença ou da morte da mãe. O António tem um irmão de 13 anos e, quando os conhecemos eram eles quem praticamente cuidavam do próprio pai. Da primeira consulta, recordo uma história que contou sobre um desenho que fez:

«Era uma vez três homens que andavam perdidos. Eles estavam à procura de um tesouro que tinha desaparecido. Era o maior tesouro do mundo.»

O Bruno tem 9 anos e está em colocação institucional desde os 6. Negligenciado pelos pais, vivia com três irmãos mais novos em condições de miséria. A sua vida ficou marcada pelo incêndio da barraca onde viviam, com a morte do bebé. Segui-o durante mais de um ano em psicoterapia e recordo um conteúdo muito repetido durante algumas das consultas: concursos de mães e de filhos, aos quais dava atributos como «beleza, roupa, comem tudo, tratar dos filhos», classificando-os habitualmente com nota negativa.

O Carlos tem 11 anos, é o mais novo de três irmãos. É um menino moreno, pequenino, como muito mau desenvolviemto estato-ponderal. Na dinâmica relacional da sua família era investido no papel de «patinho feio», ou seja, era foco das projecções negativas dos seus pais que o desvalorizavam na comparação com os outros filhos. Embora com muito bom potencial intelectual de base, a sua baixa auto-estima impedia-o de uma melhor prestação escolar. Transcrevo um curto diálogo que tivemos, quando o conheci pela primeira vez:

«Olá Carlos, estás bom?»

«Estou bom, estou, porque é que não havia de estar. Bom, bom... ãh... o que é, nunca viu? Está a olhar para quê, ãh, ãh?»

Bastante mais tarde, e no decorrer de dois anos de apoio regular em consultas, explicar-me-ia a propósito do sentimento de si próprio:

«Sou um grande monga. Sou deficiente, só faço tudo mal... Não? Não o quê?! Então não vês?»

A Daniela tem 10 anos e é a quinta filha de uma fratria de seis, de uma família muito pobre que vive miseravelmente numa barraca, num dos bairros mais carenciados de Lisboa. O grau de privação económica leva, por vezes, à não suplecção de necessidade básicas como roupa e comida, e tem grande correspondência no grau de privação emocional a que a Daniela tinha sido consecutivamente sujeita. Era mais uma criança com um estrutura de funcionamento depressiva.

Seguem-se então excertos da conversa sobre a inveja, que transcrevemos a partir dos registos feitos pela professora Ilda.

O que será a inveja?

António: É uma pessoa querer uma coisa que outra pessoa tem e querer ainda melhor.

Carlos: É ser ganancioso do que os outros têm.

Mas de que é que se pode ter inveja?

António: Beleza... Como as madrastas e as irmãs (referia-se às histórias de Branca de Neve e de Cinderela).

Bruno: Carinhos.

Daniela: Brinquedos e muitas roupas.
Carlos: Riqueza e sabedoria.
António: Poder.
Carlos: Sorte.

E o que é que se sente quando se tem inveja?
António: Raiva.
Bruno: Ganância. Ódio.
Carlos: Até se diz que se fica roxo de inveja.
António: E roído, e roído!

A inveja é boa ou má?
Todos: É má.

Porquê?
António: Porque se fazem coisas más para os outros e para nós.
Carlos: Acaba-se por não ter as coisas. Não se resolve nada com a inveja.

E quem é que será que sente inveja?
Carlos: As pessoas foleiras. As que querem tudo.
Bruno: As pessoas que não têm coração.
António: Bem, todos temos um bocadinho, às vezes.

Mas inveja de quem?
António: Dos nossos irmãos mais velhos.
Bruno: Das pessoas que vivem melhor.
Daniela: Dos miúdos que têm muitos brinquedos e ténis.
Carlos: Das pessoas que sabem mais na escola do que nós.

Se vivêssemos sempre com inveja, como seríamos?
Bruno: Maus.
Carlos. Vândalos.
António: Não tínhamos amigos.
Carlos: Uns autênticos homens das cavernas.

E a sociedade como seria?
Bruno: Horrível.
António: Os presidentes só tinham dinheiro e os povos eram todos pobres.
Daniela: Morria-se de fome porque só alguns é que tinham dinheiro e o resto era uma miséria.
Daniela (novamente): Havia muitos ladrões.
Carlos: Só havia ganância.
António: Havia muitas guerras porque os países tinham inveja uns dos outros e queriam ser como os outros e as guerras não paravam.

O que podemos fazer quando sentimos inveja?
António: Pensar nas coisas que nós temos, sabemos e fazemos.
Bruno: Pensar em coisas boas.
Carlos: Pensar que os outros também podem ter inveja da gente.
Carlos (outra vez): Pois, porque às vezes, também somos bons.

Por exemplo?
Bruno: A Daniela faz desenhos giros.
Carlos: Mas ela fala à «sopinha de massa.» (risos)
António: O Carlos é bom na ginástica e nos desenhos.
Carlos (para o António): E tu és bom na matemática.
António: Mas eu dou erros.

A inveja patológica está sempre ligada a uma necessidade de posse que pressupõe uma falha ou deplecção narcísica que se revê no outro, real ou idealizado. É claro que pressupõe um sentimento muito negativo em relação ao próprio, numa tentativa de se conquistar o que não se tem ou que se teve e se perdeu (na realidade ou em fantasia). Assenta num nível mais dual, com uma grande correspondência a níveis depressivos anaclíticos.

De entre as suas múltiplas expressões sintomatológicas, vale a pena destacar a importância da inveja na origem de muitos comportamentos agressivos e destrutivos, sobretudo quando na estrutura de funcionamento psíquica predomina o vazio (despossesão em relação ao que é invejado) ou cheia de objectos ou modelos negativos. Nos casos mais graves, a inveja é expressão de uma organização patológica, que busca a própria sobrevivência do «self» à custa de mecanismos defensivos como a clivagem, a projecção e a idealização.

Nas situações mais extremas, pode ser uma componente de um «narcisisimo maligno», tal como é designado por Kernberg, que pressupõe uma inveja ego-sintónica, expressa em actos que deixam perceber que não existe na criança ou no adolescente o sentimento de que o outro também existe como ser com pensamentos e afectos. Este estádio pressupõe a pouca representação afectiva de alguns actos, com uma culpabilidade rarefeita (já que a instância interditora, o super-eu, é muito rarefeito) em que aquilo que pode ficar em causa já não é tanto o que é invejado mas apenas o investimento energético, libidinal, em si.

A necessidade de reparar estes núcleos de deplecção narcísica, naquilo que alguns autores chamam de «cura pelo amor» é fundamental no tratamento. Nos contos tradicionais que descrevemos vimos como isso estava representado no beijo do príncipe a Branca de Neve ou na leoa Nala em relação ao pequeno Simba, com uma associação simbólica possível ao primado da genitalidade na evolução psico-afectiva.

Como num diálogo sobre a inveja, que recordo entre o pequeno Calvin e o tigre Hobbes:

Hobbes: «O problema das pessoas é serem apenas humanas.»

Calvin: «Sorte a tua não seres pessoa.»

ODEIO-TE

O ódio é um sentimento complexo, que envolve uma tristeza prévia transformada sob a forma de uma raiva. Pode ter componentes de sadismo, com uma ideia de vingança subjacente, e aparece sempre na sequência de experiências repetidas de frustração ou de acontecimentos traumáticos que, de uma forma ou de outra, ameaçam a coesão e integridade do «self». O ódio pode ser o afecto dominante ao longo de estados de desenvolvimento em crianças e adolescentes vulneráveis, e se não for contido e neutralizado mantém-se como um potencial muito auto ou hetero-destrutivo.

De novo, as experiências relacionais positivas são muito importantes na contenção do ódio e dos sentimentos que o precedem, pois é na falha de uma neutralização pelo amor que o ódio vai predominar.

Nos casos mais graves da psicopatologia existe uma comunicação precoce de ódio, consciente ou inconsciente, nas relações entre pais e filhos. Assim, o que devia ser uma relação de amor surge como uma relação perversa, sádica e cruel. Quando esse é o padrão que predomina, a clivagem e a projecção actuam como mecanismos defensivos muito importantes, mas que se maciçamente utilizados conduzem a uma deplecção do próprio «self». O vazio que se instala, progride e invade o espaço psíquico, levando a uma organização distorcida do «eu», em que a projecção de maus objectos internos no meio exterior se estabiliza em comportamentos desviantes.

É neste sentido que Welldon, outro clínico da área da psiquiatria infantil, fala de «maternidade ou parentalidade perversa», como aquela em que a relação predominante entre pais e filhos é marcada pela necessidade de controlar e aniquilar, bem como pela desumanização, intrusividade e invasão do outro. A instabilidade emocional de base dos pais teria como ponto comum as falhas na individuação, com uma actualização pela necessidade inconsciente de projectar esses conflitos numa criança de idade semelhante aquela em que, no passado, tiveram os seus próprios problemas emocionais.

Da parte dos agressores há sempre uma história prévia de privação emocional, expressa preferencialmente num padrão de violência, muitas vezes potenciado pela própria desinibição provocada pelo consumo de álcool e drogas. Note-se que a comunicação de experiências traumáticas é vulgarmente subtil e não verbal e, como adiante referiremos, temos isso presente na abordagem terapêutica, quando emergem gradualmente episódios de angústia que carecem de palavras ou conceitos que os expressem.

A repetição posterior num fenómeno de transgeracionalidade é sempre provável: por identificação adesiva (imitação de modelos), por projecção de conflitos, ou por identificação ao agressor, o que estas crianças ou adolescentes sofreram vai ser revivido ao inverterem as posições a que estiveram sujeitos, controlando e respondendo da mesma forma, numa verdadeira compulsão de repetição.

A base de muitos comportamentos violentos está assim decidida. A violência tem sempre como objectivo a negação ou eliminação de um perigo que ameça internamente e é dirigido contra o meio exterior. É inicialmente movida por um instinto de auto-conservação, mas patologicamente pode tornar-se na forma preferencial de transmitir estados emocionais intoleráveis, eliminando assim as respectivas representações afectivas dolorosas.

Um estudo recentemente realizado em Inglaterra, que analisou experiências de vida de crianças e de adolescentes a cumprirem penas em diferentes instituições por problemas graves com a justiça (quase oitocentos casos nesse trabalho de G. Boswell), revelou que situações traumáticas de abuso ou perdas estavam presentes em mais de 90% destes rapazes. Quase 72% tinham experimentado uma forma ou combinação de várias formas de abuso (emocional, físico ou sexual); mais de metade tinha sofrido perdas de figuras importantes (mãe, pai, outros). Dos abusados, mais de 90% tinham também mantido segredo sobre as situações vividas, que habitualmente foram precoces e repetidas ao longo da vida. Quando entrevistados, era nítido para muitas dessas crianças e adolescentes o facto de nunca terem sido ajudados a compreender ou a reparar essas más experiências.

Um outro estudo da mesma autora, feito também na segunda metade dos anos 90, e incidindo sobre mais de duzentos rapazes entre os 9 e os 18 anos que tinham seguido o caminho da delinquência ou comportamentos marginais, mostrou resultados muito semelhantes.

Pessoalmente, realizámos também um pequeno estudo retrospectivo de vinte e cinco crianças e adolescentes que conhecemos em consulta, com idades compreendidas entre os 8 e os 17 anos na altura da primeira observação. Todos os casos podiam ser classificados como situações de «perturbações de conduta» (segundo a classificação norte-americana de perturbações psíquicas, DSM-IV), apresentando, por exemplo, queixas repetidas de mentira, furtos, roubo, violação de regras e leis, e outras queixas de comportamentos agressivos e destrutivos.

Analisámos as suas histórias de vida anteriores à primeira consulta, nomeadamente no que dizia respeito a perdas (morte, separação, ausência) de figuras parentais ou familiares de referência, e à presença de abuso descrito ou inferido. Procurámos também ver qual a evolução destas crianças e adolescentes, sendo que todas tiveram apoio médico-psicológico, e muitas intervenção social e educacional concomitante.

Quase 1/3 destas crianças e adolescentes tinham histórias de vida marcadas pela morte de figuras familiares de referência e com quem viviam. Quanto a separação ou perda de contacto com essas mesmas figuras, ela existia em 80% do grupo estudado; onze rapazes já não tinham contacto com o pai, quatro com a mãe e cinco com ambos. Doze deles não conheciam mesmo a mãe ou o pai, por abandonos precoces ou por terem pais incógnitos.

Em relação ao abuso emocional, ele estava presente em 3/4 da amostra. Oito dos rapazes foram vítimas de abuso físico e sete tinham histórias comprovadas de abuso sexual que, no entanto, nunca foram referidas como motivo de consulta. Só no decorrer dos seguimentos psicoterapêuticos foram apurados factos relativos a essas situações.

Assim, em 84% havia histórias de vida marcadas por perdas ou abusos. É curioso também referir que quase metade deste grupo estava ou foi colocado em regime residencial em instituições. Seria igualmente importante notar que, apesar da disparidade etária do grupo estudado, mais de 80% deles iniciou sintomatologia importante antes da adolescência, o que vai a favor da ideia comum de que cada vez teremos gente mais nova a entrar mais precocemente neste mundo das perturbações psicossociais graves.

Os projectos terapêuticos foram diferentes consoante os casos, tal como diferentes eram as estruturas psíquicas destas crianças, mas é interessante ver, nos casos em que tal já é possível, o que aconteceu na evolução posterior destas crianças e adolescentes. Seis destes rapazes mantiveram uma evolução global negativa, manifestando diversos problemas importantes como o consumo e tráfico de tóxicos, simplesmente caindo na rua, vadiagem e mendicidade, ou tornando-se doentes psiquiátricos crónicos com necessidade de internamentos hospitalares prolongados mesmo tendo menos de 16 anos (um com perturbação bipolar do humor ou psicose maníaco-depressiva, dois com tentativas de suicídio graves).

Parece também existir a possibilidade futura de mais três rapazes terem igualmente evoluções negativas, sobretudo no que diz respeito ao risco de consumo de drogas. Como vemos, a taxa de sucesso não é grande, o que também reforça a ideia da prevenção como a melhor arma de evitar estas evoluções de alto risco, bem como da necessidade de intervenção terapêutica multidisciplinar para intervir nos casos já mais instalados.

Dos vários factores avaliados, podemos acrescentar que as melhores evoluções foram nas crianças cujas histórias de vida apresentavam mais dados considerados protectores, como melhor meio sócio-familiar, menor intervalo de tempo entre o aparecimento dos primeiros sintomas e a resposta terapêutica, e mais rápida colocação institucional nos casos em que havia desagregação parental.

As piores evoluções foram no grupo de rapazes que sofreram mais precocemente episódios traumáticos, nos que se mantiveram mais tempo ligados a este cenário e que só tardiamente foram referenciados a serviços de protecção e intervenção em saúde infantil.

Por exemplo, o caso do Marco, hoje com 20 anos, pequeno traficante e consumidor de drogas, que foi vítima de negligência, abandono e abuso até aos 12 anos, altura em que foi sinalizado à nossa consulta, tendo então apoio psicoterapêutico durante quatro anos. Foi internado em instituição da qual fugiu definitivamente aos 16 anos.

Outro caso de má evolução foi o do Alexandre, referenciado à nossa consulta aos 13 anos, pela instituição onde estava a viver. Vítima de abandono e abuso, deambulava pelas ruas numa vida de mendicidade (arrumava carros, dormia ao relento). Aos 14 anos, após novo episódio traumático de separação e abuso sexual, entrou em crise depressiva, seguido de uma crise maníaca, só controlável com internamento que durou mais de seis meses. Mantém-se em seguimento clínico com o diagnóstico de perturbação bipolar do humor.

L.O.V.E.
(VARIAÇÕES PARA QUATRO LETRAS)

Eu vi olhos lamentarem-se estupidamente, vagas verdades escondidas onde lembranças esperam e lamúrias vivem em variações outonais estampadas lá longe.

Eu vi, e era verdade. E entretanto o vento levou-as lentamente (este-oeste) em lágrimas. Essas vidas. E excessivamente vergou-as em outeiros escuros, lá onde os lírios lembram versos espezinhados, vagas letras escorraçadas, vendidas. E escondidos, esses olhos-espelhos eram levados, largados e vencidos.

Vivos olhos eu lembro. Eclipses lunares. Espero-vos em esperança.

L.O.V.E.

DANIEL: 100% ABUSADÍSSIMO

Numa parede às escadinhas de São Miguel, ali a Alfama, está isto escrito numa parede: «Daniel, 100% abusadíssimo». Só um pouco mais acima temos das vistas mais bonitas de Lisboa que um suave fim de tarde pode dar.

Numa noite de fim de Verão, assisto à seguinte cena: dois polícias estão a identificar um grupo de miúdos que forçaram a entrada numa bonita casa antiga, abandonada, à Estrela. São cinco; o mais pequeno não deve ter ainda dez anos, o mais velho talvez quinze. Têm um ar degradado. Estão a dizer que moram ali, «é aqui mesmo nesta rua». É mentira, sabemos bem que vêm de um bairro pobre que faz ali mesmo fronteira.

«Estávamos a brincar lá dentro.»

«Pois. Era às escondidas.»

O mais provável é que não estivessem mesmo.

«O meu pai? Não sei. Sei lá dele.»

Talvez a única frase verdadeira.

«A minha mãe? Ela é… Ela trabalha por aí.»

Olho para eles. E há um que me olha fixamente e me faz sinais, olhando-me, mexendo a cabeça como quem chama e pede ajuda. E eu, que calculo porque é que eles chegaram a isto, tenho muita pena, mas sei que ali não se pode fazer mais nada. E é isso que custa. A sirene azul continua a iluminar a noite e sucessivamente, rodando, as caras das pessoas que saíram de suas casas para assistirem ao espectáculo. Nos melhores momentos, leio poesia para buscar mais palavras que descrevam sentimentos vulgares, fugazes, que mesmo sendo comoventes aliviem as respostas a uma só pergunta: porquê?

«O problema é que muitas coisas já deviam ter sido feitas antes, pois o mal já está feito… O que se limitam a fazer são campanhas de sensibilização, que não resultam nos dias de hoje.» (Pedro, 13 anos)

«Infelizmente há adultos que são muito cobardes.» (Bruno, 17 anos)

«Tenho a certeza de que o governo gasta mais dinheiro em coisas muito menos importantes do que dar condições de vida ao seus habitantes.» (Beatriz, 12anos)

«Eu tirava as prostitutas da rua.» (André, 13 anos)

Também realizámos um outro estudo, com a colaboração da Dr.ª Joana Fornelos, psicóloga clínica, de dez rapazes entre os 9 e os 16 anos, residentes numa instituição próxima de Lisboa. Todos tinham seguido o caminho da delinquência, consumo de tóxicos ou prostituição.

Destacámos igualmente alguns dados que nos parecem mais importantes. Os dez tinham sofrido perdas de figuras parentais: sete pais estavam ausentes, sete mães também, e quatro rapazes não tinham quaisquer contactos com nenhum deles. A maioria destes pais existiam na realidade, mas sobretudo por problemas ligados à toxicodependência e prostituição, não tinham contacto verdadeiro com os filhos; embora com algumas variações a maior parte dessas perdas tinha acontecido antes dos 6 anos de vida. Todos vinham de meios sociais muito baixos. Algumas referências comuns às suas histórias de vida eram:

«O pai está preso... Parece que a mãe está em Espanha, na prostituição... Da mãe não se sabe nada.... Nunca viu o pai... Estão os dois presos por tráfico de droga... Morreu com Sida...»

Desse mesmo grupo, consideramos que todos se incluíam em critérios de abuso emocional. Seis eram fisicamente maltratados e de cinco eram conhecidas histórias de abuso sexual. Quatro destes rapazes tinham já passado pela prostituição infanto-juvenil. Um deles chegava a ganhar por noite quantidades elevadas de dinheiro para participar em práticas sexuais de conteúdos sado-masoquistas e satânicos. Também cinco desses rapazes estavam já envolvidos em consumos de drogas (sobretudo colas e solventes). Esse grupo englobava os quatro que estavam ligados à prostituição infantil, uma associação muito comum.

É difícil estabelecer uma correlação entre diferentes formas de abuso ou perdas parentais e a gravidade sintomatológica. Isto é, nem sempre os casos mais graves são necessariamente os que acumulavam mais factores de risco, uma vez que a gravidade sintomatológica também se liga a uma confluência de factores genéticos e constitucionais. De qualquer forma, parece haver uma correspondência positiva entre casos das crianças e adolescentes que começaram a receber apoio mais precocemente e as melhores evoluções clínicas.

Vemos que o grau de patologia na organização psíquica é variável pelos diferentes factores que podem influenciar: idade em que ocorreram, extensão, relação das crianças com o abusador, significado atribuído pela própria criança, a par com as competências e vulnerabilidades próprias. Como sabemos, nem todos respondem ao mesmo cenário traumático de igual forma. Mas uma coisa é inequívoca: todo o traumatismo implica uma marca psíquica que influenciará não só as experiências actuais de vida como todas as futuras.

Vários autores põem em evidência a ligação entre a vivência destes episódios na infância e a resposta em formas de comportamentos violentos futuros (auto e hetero-destrutivos), em que o agir de fantasmas de perda e de morte ligados a ansiedades de separação seriam muito centrais. O reexperimentar posterior dessas situações, quer na realidade, quer em fantasia através de pensamentos persecutórios, criaria progressivamente um «estado de coma» da vida emocional. O empobrecimento da memória afectiva seria também uma anestesia defensiva das representações dos episódios traumáticos. Um bom termo seria o que propôs a pedopsiquiatra Teresa Ferreira, de «assassinato da alma». Não sentir, não estabelecer ligação afectiva, reagir sistematicamente de forma agida contra o meio exterior para expurgar as ameaças internas, é a forma tristemente possível de defender o «self» central, frágil, pequeno, embora vulgarmente esperançoso, que restou como consequência de toda a deplecção anterior. Por outro lado, a parte dele próprio que ainda comunica fá-lo através de meios distorcidos, ou como repetição daquilo a que foi sujeita.

Insistimos que este tipo de experiências precoces constituem a base da futura violência sexual, muitas vezes com início nas primeiras etapas da adolescência. Um estudo realizado na Suécia, no final dos anos 90, revelou que de um grupo de trinta e dois rapazes adolescentes abusadores, 91% tinha sido abusado na infância (75% sexualmente). Os restantes três casos tinham tido experiências de colocação institucional por perdas de figuras de vinculação em idades precoces do seu desenvolvimento.

Nas sociedades actuais, em que a própria organização social e os media contribuem inequivocamente para uma precoce dessensibilzação em relação à violência e à sexualidade pela exibição gratuita e continuada de modelos negativos, o risco evolutivo é muito maior. James Garbarino, pedopsiquiatra da Cornell University, de Nova Iorque, apresentou dados de dois estudos realizados nos Estados Unidos da América, e que justamente falam da importância dessa questão: 98% dos soldados americanos que participaram na II Guerra Mundial não conseguiam disparar sem hesitar na primeira batalha que travavam, apesar de para isso serem treinados. Nos 2% que o conseguiam, predominava o diagnóstico de psicopatia. Já na Guerra do Vietnam, e após treinos prévios de dessensibilização com alvos reais e jogos de TV, mais de 2/3 das tropas funcionavam eficazmente.

Podemos assim considerar que os traumatismos a que muitos estiveram sujeitos em crianças implicam falhas graves no seu desenvolvimento infantil, especialmente nas áreas da integração sexual e social. O David, o mais novo dos rapazes observados neste estudo, dizia-me a propósito de um desenho que fez espontaneamente:

«Era uma vez uma casa onde vivia uma família. Mais nada. Eu não quero falar da minha família. Os meus pais não se dão bem.»

Um outro rapaz de 14 anos, o João, verbalizava assim algumas das suas dificuldades:

«Eu não sei fazer nada, não sei nada... Um dia gostava de ter um animal para brincar. Um animal não, não quero, quero antes um tamagotchi. Se for um animal eu mato. Não gosto...»

Ou o Jorge, de 13 anos, que acrescentava:

«O mais difícil dantes era as pessoas na rua. Tinha fome, tinha que andar sempre a pedir esmola ou a roubar, ia prò Pingo Doce... Eu era muita mau, só fazia coisas às pessoas, o meu pai batia-me e eu vingava-me nelas.»

A importância do abuso é determinante na organização psíquica destes grupos de crianças e adolescentes, sobretudo quando sob a forma de abusos sexuais. Ser visto e tratado como objecto parcial de sedução, com uma sexualização prematura a par de uma privação emocional, leva a futuras patologias da personalidade, com repetição compulsiva de actividades que visam a gratificação afectiva de uma vida sexual destroçada. O uso do corpo sexuado para expressar ódio, zanga, revolta, contra as fontes que simbolizam essa humilhação torna-se central. Nos casos extremos, a criança ou adolescente abusado deixa de reconhecer que os outros também têm o direito de existir e nesse estádio não há uma associação com sentimentos de culpa sobre esses comportamentos, num padrão que corresponde a uma distorção narcísica maligna.

Do grupo que estudámos, eram naturalmente de melhor prognóstico aqueles rapazes que mantinham ainda uma menor fragilização do super-eu, sentindo alguma culpabilidade associada aos seus actos, e mantendo viva uma necessidade de reparação. Eram rapazes que se tinham organizado em estruturas de funcionamento depressivas, como o Telmo, de 15 anos, que dizia:

«Gostava um dia de voltar para ajudar os meus pais. Fogo, fico cheio de pensar nisso... Então eles ajudaram-me, agora eu não hei-de ajudar a eles?»

Ou o Carlos, de 16 anos:

«Eu sei que aqui me ajudaram. Ia a cair de um precipício e alguém me deu a mão. Agora tenho medo, mas acho que já não caio.»

Contudo havia já um grupo de rapazes nos quais os movimentos depressivos apareciam mais esbatidos, num processo psíquico de desvitalização afectiva ou de identificação narcísica negativa.

O mesmo João, conhecido pela sua prática repetida de furtos, dizia:

«Não me lembro de nada», acrescentando «Não fiz nada de mal e um dia disseram que tinha havido chatices e mandaram-me para um colégio na Guarda.»

Noutros casos, era mais nítido o vazio interior e a inibição, com bloqueio da capacidade de simbolizar, fantasiar, ligados a uma mesma problemática de abandono ou rejeição parental, que nos dá a sensação de uma pobreza intelectual.

Os dois rapazes mais novos, o David e o Hélder, ambos de 9 anos, eram os que aparentemente tinham menos estragos nas suas estruturas psíquicas, sobressaindo igualmente neles traços de imaturidade estrutural.

Todos foram observados psicologicamente, com provas de desenvolvimento intelectual (WISC — Wechsler Inteligence Scale for Children) e projectivas (C.A.T. — Children's Apperception Test), pela Dr.ª Joana Fornelos. Os resultados, não sendo surpreendentes, reafirmaram muitos aspectos a reter. A média das provas intelectuais situou-se no nível normal fraco, com bastante discrepância entre a parte verbal que apresentava uma média no nível limite, e as de realização, melhores, com um valor a corresponder ao limite inferior do nível médio.

De uma forma geral, as provas verbais são as que se encontram mais dependentes do nível escolar e de estimulação sociofamiliar, pelo que não espanta que estejam fracas. A isso corresponde o respectivo desinvestimento e dificuldades escolares deste grupo de rapazes. A maioria frequentava nessa altura o 1.º ciclo do ensino básico, ou seja, não tinha completado com aproveitamento o 4.º ano de escolaridade. Muitos tinham também nos seus percursos de vida períodos de tempo em que não frequentavam mesmo a escola, pois andavam na mendicidade, etc.

O melhor nível das provas de realização indica, contudo, que o potencial de base deste tipo de crianças e adolescentes é sempre melhor do que as suas respectivas prestações escolares. A conclusão não é difícil: as dificuldades escolares são mais dependentes de factores psicossociais adversos do que da capacidade intelectual. Neste estudo, só o João obteve um valor total da prova no nível de debilidade, e só o Jorge teve uma pontuação total no nível limite.

Estes resultados lembram ainda a necessidade de adaptar a escola às necessidades e valências deste tipo de crianças e adolescentes, já que currículos com maior ênfase numa inteligência prática e de aplicação concreta favorecem a sua adaptação individual e social.

Em metade deste grupo estudado, a diferença entre provas de realização e verbais era maior do que quinze pontos, o que indica de novo o enorme desinvestimento escolar deste tipo de crianças.

A análise das diferentes subprovas de que se compõem as duas partes da WISC fornece ainda mais dados interessantes. No que diz respeito à parte verbal, a média dos resultados do grupo é inferior ao normal em todas as subprovas, excepto na de semelhanças. Nesta, que apela à capacidade de compreensão, de estabelecer relações conceptuais e de organizar um pensamento abstracto e associativo, a média do grupo estava num nível superior. Por curiosidade, diremos que a pior média se encontra numa subprova que é designada por «informação», e que apela aos conhecimentos gerais, de assimilação de experiências e memória remota.

Quanto à componente de realização, os resultados são normais ou normais baixos, sendo que a subprova onde as pontuações são melhores é a de «histórias», que diz respeito à percepção e compreensão de situações sociais. Este dado é também passível de ser compreendido à luz da ideia de que muitos destes rapazes tiveram que fazer um esforço adaptativo muito forte para poderem sobreviver no seu dia a dia e prosseguir na luta sem desistirem.

Ainda mais duas notas: a primeira, para o facto de a subprova de «composição de objectos» ser a única que está no nível inferior em todos os rapazes, o que corresponde às suas dificuldades de integração da imagem corporal. A segunda diz respeito ao facto de os melhores resultados globais pertencerem às duas crianças mais novas do grupo, o que pode alertar para o conhecido risco evolutivo de uma deterioração psíquica progressiva. De novo concluímos que quanto mais cedo actuarmos junto destas crianças e adolescentes, mais fácil será aproveitar os aspectos positivos e de qualidade no seu desenvolvimento global.

Quanto às provas projectivas foi utilizado o C.A.T., um teste temático que consta de dez cenas representadas em outras tantas pranchas, que permite por aquilo que cada uma ali projecta, obter mais dados para a compreensão de traços da sua estrutura de personalidade, angústias dominantes, mecanismos de defesa utilizados, etc.

Neste grupo podemos dizer que em todos os rapazes, os temas recorrentes são à volta das problemáticas de separação, ausência, vazio, isolamento. A repetição de algumas palavras no seu discurso era boa imagem disso: Fome. Frio. Chuva. Gelo. Nevoeiro. Perigo. Nada. Ninguém.

Existia também de forma muito constante uma grande preocupação com a insuficiência de respostas às necessidades básicas, ligadas aos temas alimentares (comida) e de protecção (casa, família). A falta de referência a figuras familiares, que nem sequer eram muitas vezes nomeadas, era outro dos aspectos característicos, bem como a ausência de qualquer modelo de referência. Quando existiam alusões a mãe ou pai, eram sempre com uma tonalidade negativa de insuficiência ou de traumatismo.

A análise de conteúdos mostra a predominância de histórias de grande agressividade, com referências violentas de nível oral (comer, ser comido), sem controle, com temas cruéis e de uma sexualidade fragmentada, sem fins reparadores. As vivências são vulgarmente descritas sem saída possível, ou esta é sentida como cruel ou sexualmente invasiva (compatíveis com histórias de vida de abuso físico e sexual).

Também as personagens ali projectadas são habitualmente tristes, sentem-se sozinhas e não têm capacidade ou possibilidade de recorrer a alguém que as ajude. As defesas revelam-se pouco eficazes face ao peso desta realidade.

De novo, as melhores respostas têm óbvias ligações à capacidade prática de resolver situações, correspondendo novamente ao facto de estas crianças e adolescentes estarem muito alerta na sua estratégia de sobreviventes, e tentarem dessa forma controlar um meio hostil, desconhecido ou incompreensível.

A vida emocional é rarefeita ou pobre, e isso é bem traduzido nestas provas onde se destaca a pouca capacidade de pensar sobre eles próprios (sobretudo nos mais velhos), com incapacidade de ligar temporalmente os factos numa sequência adequada de passado, presente e futuro.

Existem claras referências a vivências sexuais traumáticas e fantasias de homossexualidade, como nos «amigos muito especiais» de um rapaz que se representava numa figura humana feminina.

DO QUE NINGUÉM FALA

A Convenção dos Direitos das Nações Unidas estabelece que é um direito e uma necessidade básica de uma criança ser protegida da exploração e abusos sexuais. O artigo 34.º diz que nenhuma criança pode participar em actos sexuais ilegais, que as crianças não podem ser exploradas na prostituição ou em outras actividades sexuais ilegais, tal como não podem ser abusadas em actos de pornografia ou exploradas na produção de material pornográfico.

De entre as crianças e adolescentes observados no estudo que referimos impressionou-nos muito as que participavam em actos ligados à prostituição. Foi também assim noutros casos que conhecemos. O problema é crescente, e o uso de crianças para fins pornográficos não pode deixar ninguém indiferente.

Recentemente, nos Estados Unidos da América, foi estimado que entre 300 a 600 mil crianças menores de 16 anos participam anualmente na produção deste material. A legislação para combater este flagelo é, contudo, recente em vários países da União Europeia.

Para muitas crianças, a sua participação neste tipo de material tem sempre uma dupla vertente que torna a situação um beco sem saída: o uso e abuso sexual, e a coacção ao silêncio pela ameaça de divulgação a outros (pais, familiares, amigos) desse mesmo material e dos actos que o envolveram. O Carlos, um dos rapazes observados nesse estudo, teria sido fotografado ou filmado durante actos sexuais em que participava com outros adolescentes ou adultos.

É claro que é inevitável a ligação de crianças e adolescentes envolvidas nestes actos e as suas pobres origens sociofamiliares. São sobretudo aquelas que fogem de casa, que caem na rua, que vivem em pobreza crónica e transgeracional que se tornam nas mais vulneráveis. Como essas fragilidades têm a respectiva ligação em fragilidades psíquicas, os traumatismos são sempre muitíssimo fortes. De novo, no grupo estudado, percebemos que, até à altura de terem começado a viver na instituição, nenhum dos rapazes estava referenciado a centros de saúde, consultas de especialidade e poucos tinham referência a tribunal de menores como crianças em risco.

Nesses casos que conhecemos, todos eram oriundos de uma «broken-home», tinham laços sociais dispersos e taxas de absentismo escolar elevadas. Muitas vezes o consumo de drogas leves fechava o círculo vicioso. Exporem-se sexualmente era uma forma de suprir uma dificuldade económica, que também alimentava as drogas. Consumir tóxicos era a forma de suprir a dor das dificuldades emocionais, fechando assim o círculo vicioso.

Este círculo torna-se maior porque não raras vezes estas crianças ou adolescentes são aliciadas a trazer outros rapazes ou raparigas que conheçam, numa escala complicada de serviços. Num estudo realizado no final dos anos 90, M. Silbert observou cem crianças e adolescentes que participaram em actos de pornografia, entre os 6 e os 21 anos (a média de idades era de 14) e descreveu três fases ou estádios nas respectivas repercussões psíquicas:

— Período de exploração: com predomínio de queixas somáticas (cefaleias, dores abdominais) e funcionais (insónia, perda de apetite), alterações do humor, tanto mais repetidas quanto maior a frequência do contacto, o tipo de actos, etc.

— período de revelação do abuso: descrito como traumático e caótico;

— período posterior: com predomínio de sentimentos de ansiedade, baixa auto-estima, sentimento de «hopelessness» e, sobretudo, de uma paralisia psicológica, de sideração do «eu».

Este esquema gradativo diz respeito a uma maioria de crianças e adolescentes afectados por estes circuitos; muitos passam pelo primeiro e depois, por forças internas ou externas, mantêm-se silenciosos. Um outro estudo feito na Escócia, e publicado recentemente pelo ramo inglês da Fundação Gulbenkian, incidiu sobre o impacto do abuso nas crianças; num ponto era feita uma pergunta sobre o que tinham sentido como mais difícil em todo o processo. Mais de metade falou no medo, incerteza, vergonha e medo de repetição. Também um número grande referiu um medo paralisante de falar sobre o sucedido.

A intervenção terapêutica no plano psíquico é sempre difícil, pela não integração emocional e recusa à mentalização. É como ter uma criança à nossa frente a quem falamos de uma outra criança que ela não quer ou não pode reconhecer que também faz parte de si. Na terapia, falar mais de sentimentos prévios e actuais, do que rever os momentos do abuso, será a ajuda possível, que nunca será uma cura, mas sim um equilíbrio.

O maior risco futuro terá a ver com a dificuldade de integração da sexualidade numa vida afectiva rica, e de prazer de viver e criar. O facto de estas crianças terem sido sujeitas a actos sexuais com adultos, frequentemente do mesmo sexo, numa relação que não é mútua ou de igualdade, visto que é dominada pelo poder do adulto e dirigida apenas à sua gratificação sexual (a criança não é mais utilizada do que como uma parte de objecto), deixa marcas irreversíveis. É impossível não admitir que depois, em silêncio, elas não se questionem sobre a sua própria identidade.

«Penas mais pesadas especialmente para a pedofilia. Eu acho que o abuso sexual de menores é a mais repugnante das coisas.» (Carlos, 13 anos)

«Eu acho que já há leis, mas elas não são é cumpridas.» (Justina, 15 anos)

«Os adolescentes têm medo e não denunciam, e quando denunciam a justiça devia trabalhar melhor em Portugal, porque é lenta e às vezes injusta.» (Cecília, 13 anos)

Nos casos que conhecemos também assim foi. O Pedro, de 15 anos, um dos rapazes que observámos no nosso estudo, teve uma reacção emocional de pânico quando, acompanhado pelo director da instituição onde estava, me aproximei dele para o cumprimentar. Fugindo até ao final da sala, galgou uma janela e de lá perguntava:

«O que é que me vais obrigar a fazer?»

Disse-lhe que estava ali para o conhecer, falar com ele sobre o que ele quisesse ou achasse importante, mas que mesmo isso só combinaríamos se ele se sentisse seguro. Durante o resto da tarde, enquanto falava com outros rapazes, ele passava ao largo, espreitando para a sala onde me encontrava; só no final do dia bateu à porta dizendo que queria entrar.

Não muito tempo depois, o Pedro fugiu dessa instituição onde vivia; terá ido para o Algarve ou Espanha. O seu rasto perdeu-se. Até quando seremos obrigados a conhecer estas situações?

Sobre este ponto, o sistema jurídico continua a deixar preocupações. As crianças e os técnicos envolvidos nos casos, e que comunicam este tipo de alegações, são sujeitos a meses ou anos de espera antes que os seus casos possam ser julgados. Os resultados finais são quase sempre nulos. Por outro lado, em muitas situações que chegam às mesas dos tribunais não é oferecido um eficaz suporte terapêutico a crianças e famílias, antes, durante ou depois de avaliações que possam ser feitas.

Recordo o caso do Paulo, um rapaz pré-adolescente que durante muito tempo foi abusado pelo pai e que só mais de dois anos depois da situação declarada foi chamado para observação no Instituto de Medicina Legal, numa situação tão bizarra que por si só pode ser considerada um novo abuso, já que todas as alegações estavam devidamente feitas e documentadas por uma equipa de técnicos. Como se imagina estas avaliações são vulgarmente intrusivas e inconclusivas. Assim, a incapacidade de dar voz real às crianças, frustrando-as perante o que seria a experiência construtiva e reparadora de verem a justiça actuar, pode ser efectivamente sentida como um segundo abuso, com uma componente social muito forte.

Há uma música de um grupo «pop» galês cujo refrão diz assim: *«Se tolerarmos isto, as nossas crianças poderão ser as próximas.»*

DEUS DAS MOSCAS

Como vimos pelos exemplos anteriores, e tal como é comum na clínica, o adoecer psíquico de muitas crianças e adolescentes é um eco da falha familiar e social em os ajudarem a crescer saudavelmente. São também cada vez mais raros aqueles que, passando por histórias de vida semelhantes às que descrevemos, adoecem apenas «para dentro», isto é, de uma forma sintomatológica conflitual interna. Felizmente que a externalização dos conflitos contêm a capacidade de produzir incómodo, tornando-se socialmente visíveis e intensas: já ninguém pode continuar indiferente ao aumento da delinquência e criminalidade infanto-juvenil, aos actos destrutivos de «gangs», ao crescente número dos que incomodam na escola sendo apenas identificados como «problemas» e não como crianças, dos que abandonam anualmente a escolaridade obrigatória, ao aumento de crianças que deambulam pela rua na mendicidade ou vadiagem, aos que cada vez mais precocemente consomem substâncias tóxicas e angariam no tráfico, prostituição ou no roubo, o dinheiro de que precisam para persistir nesses consumos.

A nossa esperança, tal como a verdadeira esperança do lado mais saudável do «self» destas crianças e adolescentes, reside aí mesmo: que o incómodo causado pelas repercussões sociais destas organizações psíquicas defensivamente patológicas contenham em si mesmo o dom de obrigar a respostas eficazes que previnam e diminuam estes problemas. Há uma luz que nunca se apaga. Como se vestiria a cidade se por cada um destes que conhecemos deixássemos uma vela a arder a noite inteira?

William Golding, Nobel da Literatura em 1983, escreveu trinta anos antes o seu primeiro e mais famoso romance de ficção, *O Deus das Moscas*. Nele descreve um grupo de rapazes que, após um acidente do avião em que viajavam, ficou entregue a si próprio numa ilha deserta. Ultrapassado o choque inicial, pareceu haver uma boa adaptação dos rapazes que, na ausência de adultos, se organizaram hierarquicamente num esforço comum para fazer frente à situação de desamparo e solidão. Aí, mesmo os receios e angústias causados pela adversidade da situação (o medo da noite, a sensação de não existir saída possível para a salvação desejada) são bem ultrapassados pelo que é vivido na gratificação do dia a dia: os banhos em lindas praias de corais, o sumo dos cocos que caem das palmeiras, o suave clima que envolve a ilha paradisíaca.

Mas a demora na chegada de uma solução — há navios que passam ao largo, mas ninguém repara ou consegue compreender os pequenos sinais de alerta emitidos pelo fumo de uma fogueira — faz crescer tensões progressivamente insuportáveis de gerir pelo grupo de crianças. Não há adultos disponíveis, pais, mães, que possam ajudar, tranquilizar. O medo cresce. Com ele nasce a inveja, o ódio, a violência. Rapazes de facções opostas agridem-se brutalmente na luta pelo controle e poder de uns sobre os outros: os angélicos colegiais transformam-se em pequenos monstros em luta pela sobrevivência. Destroem-se amizades, crescem os actos de injustiça, vingança e punição cruel, há mortos. Os comportamentos tornam-se incontroláveis, pressente-se o caos.

Numa espécie de combate final, em que é claro um esforço último e brutal de todos os rapazes envolvidos, ateiam fogo à ilha para mutuamente se destruírem. É por fim esse cenário horrivelmente gigantesco de chamas que possibilita a um navio que navega ao largo perceber que algo de grave se passa, invertendo a rota e salvando os pequenos habitantes da ilha.

Mas quantos navios passam ao largo de outros tantas crianças-ilha? Quantos recebem e compreendem esses S.O.S.?

E, por último, quantos podem ou querem ajudar, alterando os seus caminhos?

Wiilliam Golding era director de uma escola em Inglaterra, cargo que abandonou durante o pós-guerra. Dizem que este seu livro tinha também a amarga desilusão de quem contacta com crianças em dificuldades e vê passar navios ao largo, sentindo que a hipótese de fazer alguma coisa pode escorregar-nos por entre os dedos das mãos.

O último parágrafo do livro traduz essa mensagem de uma forma extremamente poderosa: a imagem daqueles que, entrando em contacto com o sofrimento infantil, não o conseguem olhar de frente, desviando o olhar para o largo como quem finge não querer saber. Mais fácil? Sim. Mas, e depois? É assim que o *Deus das Moscas* termina:

«O oficial, rodeado destes ruídos, sente-se comovido e um pouco embaraçado. Afasta-se para lhes dar tempo a que se recomponham e espera, repousando os olhos no cruzador brunido que paira ao largo.»

MUITOS DE NÓS ATRÁS DESSES MUROS

Muitas destas crianças e adolescentes de risco têm grandes probabilidades de se cruzarem com a justiça. Contudo, é com muita apreensão que se assiste ao facto de muitos desses «primeiros encontros» se darem já com a criança na posição de infractor o que, se tivermos em conta os diferentes aspectos atrás descritos, representa por si só uma tremenda ironia que relata a falha de todo um sistema de protecção à infância.

Hoje em dia, é também com preocupação que assistimos ao retorno de ideias e práticas que defendem o aumento de medidas punitivas para crianças e adolescentes, o que por si só não ataca em nada a verdadeira raiz dos problemas e contém as sementes para o prolongamento futuro das mesmas problemáticas.

Neste final de século, muitas instituições para os ditos «menores infractores» são locais extremamente violentos em diferentes aspectos, e mesmo alguns dos que aí vivem que não utilizam essa violência como forma preferencial de comunicação e relação são forçados a usá-la para sobreviverem. O padrão de desconfiança e humilhação é comum entre os adultos/técnicos e as crianças. O controle punitivo, com componentes de abuso físico e emocional, acontece. A exposição e abuso sexual entre as próprias crianças e adolescentes também existe com frequência maior do que o imaginável. Assim, locais que poderiam ter um fim reabilitador por um efeito terapêutico, arriscam-se a ser escolas de mais e melhores evoluções marginais.

Por isso, é convicção de muitos técnicos da área que, se se verificar o duplo princípio (que não é incompatível) de protecção pública e reabilitação de crianças infractoras, então o sistema jurídico pode ser um meio ainda mais importante de prevenir evoluções individuais e sociais negativas. Mesmo nestes casos, o internamento em estabelecimentos ditos «fechados», isto é, os que implicam restrição da liberdade das crianças, deveriam apenas existir em função de riscos actuais para a sociedade e, mesmo aí, os critérios deveriam ser revistos em relação a cada uma dessas crianças ou adolescentes, uma vez que a própria noção de desenvolvimento a isso obrigaria. Por último, essas deveriam ser unidades para funcionar como autênticas «Unidades de Cuidados Intensivos Psicossociais», com pessoal de alta qualidade humana e técnica que, apesar de todas as limitações concretas a possíveis «curas», pudesse ajudar a melhores resultados finais. Que ninguém esqueça que, um dia, inevitavelmente essas mesmas crianças ou adolescentes voltarão em pleno para a luz do dia. E então, o que esperaremos encontrar se nada de muito terapêutico tiver sido posto em funcionamento?

Face ao debate sobre a diminuição da idade de responsabilidade criminal, grande número de técnicos nacionais e internacionais sustenta que esta se deverá manter nos 16 anos. Baixar essa idade, assente na convicção de que as crianças cometem delitos cada vez mais jovens porque baixou o seu limiar de maturidade psicológica, é um erro grosseiro, pois o que se passa é justamente o contrário: por estarem cada vez mais imaturos e psiquicamente mais destroçados a partir de idades mais precoces é que assistimos ao doloroso espectáculo de ver, por exemplo, rapazes de oito anos a consumir drogas, outros de dez a actuarem como pequenos delinquentes ou apresentando outras patologais que antigamente só eram pensáveis ou visíveis em idades mais avançadas, sobretudo a partir da adolescência. Tratar crianças e adolescentes como pequenos adultos em idades cada vez mais baixas, pode implicar o risco de abdicar de um plano de ajuda precoce que justamente poderia ser mais eficaz e de melhor prognóstico.

Finalmente, seria positivo continuar a assistir a uma evolução dos programas de intervenção em todas as crianças e adolescentes que são institucionalizados por cometerem actos juridicamente puníveis, que possam ser baseados na não-violência, respeito e compreensão psicodinâmica, executados por um «staff» altamente treinado, supervisionado e apoiado na sua tarefa. Já que actuar nesta área é um trabalho extremamente difícil e de sucesso restrito.

Pessoalmente, gostaria ainda de ver relembrada em todo este processo a noção de responsabilidade parental, sugerindo que este conceito fosse estudado e desenvolvido como um encorajamento para mudanças em atitudes e práticas de adultos (pais e familiares) sobre as suas crianças. A proposta não é de aumentar punições sobre os pais, mas de os consciencializar para um processo educacional que deveria acontecer mesmo antes da concepção e, sobretudo, logo a partir da altura do nascimento.

Um outro estudo recente levado a cabo com adolescentes a cumprirem penas numa prisão do Arizona, nos Estados Unidos, confirmou de novo todas estas ideias. Embora cada história de vida desses rapazes fosse diferente, existia sempre um padrão comum: destruição familiar, pobreza sócio-económica, abandono, abuso, exposição crónica a violência e privações múltiplas, dificuldades escolares e desinserção socioprofissional.

Quem são e o que são estes miúdos é sempre consequência do que lhes ofereceram e fizeram. Nada aparece do nada, pouco é obra do acaso. Num padrão que podemos definir como uma vida de «não crianças», os autores desse trabalho, M. Bortner e Linda Williams, descrevem brilhantemente este autêntico massacre dos inocentes:

«... não tiveram experiências tradicionalmente vistas como sendo parte de uma infância normal; não lhes foram dadas as necessidades básicas como comida, abrigo, roupa, carinho e conforto. Não foram protegidos da crueldade e abuso da vida. Não tiveram o estímulo e a tolerância que encoraja o crescimento pessoal e o seu desenvolvimento. Não conheceram a adolescência como um tempo de aprendizagem e acumulação gradual de experiências e conhecimento. Não usufruíram de oportunidades para se sentirem queridos e úteis e poderem contribuir como pessoas para o bem-estar das suas próprias famílias e da sociedade. Não vislumbrando qualquer promessa de futuro, muitos nem sequer sobreviveram a estas experiências.»

É que, na realidade, o retrato destas crianças não é só de pequenos monstros, pois por detrás disso existe sempre a outra faceta, o lado sofrido que habitualmente transporta a esperança de uma cura. Agora, é possível que vê-los apenas por uma face seja sempre socialmente mais desejável, pois indirectamente iliba-nos a todos de uma quota-parte de responsabilidades.

POR FAVOR

A justiça é a primeira virtude das instituições sociais, tal como a verdade o é no pensamento.
JOHN RAWLS, *A Theory of Justice*

No decorrer de um trabalho de consultoria e supervisão privada, observo desenhos de rapazes colocados num colégio do Instituto de Reinserção Social. Nada de diferente em relação ao que é comum em crianças e adolescentes vítimas de múltiplas privações emocionais. Nada de diferente, certo. Contudo, como é possível ficar indiferente?

Tema: «O meu sonho».

Aspectos comuns:

— nível gráfico imaturo ou pobre. Um desenho do Gonçalo, de 16 anos, que diríamos ser de um menino de 10, se não soubéssemos a idade real;

— auto-representação desvalorizada, pouco investida, carregada de afectos depressivos. O desenho do Luís, com um rapaz à porta do colégio, imenso, porta alta de grades, sorriso triste e apreensivo, representado sem mãos. O desejo dito de «o meu sonho era, um dia, sair daqui»;

— temas expressos de morte e abandono, como no caso do Hélder, de 10 anos, que perdeu a irmã, vítima de negligência parental. O meu sonho era «Viver no paraíso, mas morto»;

— casas despovoadas, vazias, sem nada ou ninguém e comentários repetidos como «não vivia lá ninguém», «está vazia» ou «é abandonada».

E depois, o tempo antes de tudo isso.

«Depois do que passaram, como é que os motivamos para uma vida normal?», perguntaram-me.

E o tratamento dado à chegada de alguns, com reclusão em quarto isolado de assistência pedopsiquiátrica nula e roupa diferente nos primeiros dias. Medo gera medo. Angústia produz angústia. Violência gera violência. No final, no verdadeiro ajuste de contas, quem perderá mais?

Por que é incompatível manter a dignidade de uma criança e adolescente como pessoa e actuar juridicamente? Onde estamos? De que tempo falamos?

À partida, todas as crianças têm em si mesmas o potencial evolutivo de se tornarem em várias crianças ou adolescentes, com formas de sentir, pensar e agir completamente distintas. Depende do que lhes oferecermos.

DEBAIXO DOS CARACÓIS DOS SEUS CABELOS

Há tantos miúdos que sonham escondidos do mundo, para quem pensar é exactamente como não pensar, que hoje em dia chega quase a ser criminoso a forma como esquecemos as palavras de que são feitas a alegria ou a tristeza dos outros, embrulhados que andamos em coisas tão desnecessariamente só nossas, criando tantos momentos isolados como estátuas, que não nos entregamos mais a alguém, simplesmente com quem recolhe entre os braços um ramo silvestre de flores que se espigaram à beira da estrada.

Vão dizer-vos que a imagem está gasta — e é bem possível — mas é por isso que temos tanto medo, e é só dele que continuamente falamos aos outros, porque na realidade o que julgamos criar à volta muitas vezes não existe a não ser no nosso orgulho. E o problema é que já tememos encontrar a uma esquina alguém que já não vemos há um tempo, porque não saberíamos bem que conversa fazer, se ainda nos lembrássemos do seu nome.

Se não queremos que muitas histórias da vida se percam no silêncio, por que será então que tem mal lembrar que uma criança tem sempre um lado que faz coisas sinceras como rir ou chorar, deseja falar sobre o que calha, espera brincar com gosto, encontrar outros, sentir o que tiver de ser e depois sonhar, dormindo a paz inteira do mundo?

Passou agora na rádio uma música muito bonita. É suave e triste, e a voz de Caetano Veloso canta assim no refrão:

«Debaixo dos caracóis dos seus cabelos
Uma história pra contar de um mundo tão distante
Debaixo dos caracóis dos seus cabelos
Um soluço e a vontade de ficar mais um instante»

COMO DIZ QUE DISSE?

Ao longo deste texto transcrevemos em itálico algumas opiniões de cento e quarenta e duas crianças e adolescentes, de ambos os sexos, entre os 12 e os 18 anos, que responderam a um inquérito sobre violência. Tratou-se de um questionário passado em duas escolas de Lisboa a alunos entre o 7.º e o 12.º anos de escolaridade e que seguiu o modelo de um outro elaborado num estudo idêntico organizado em Inglaterra pela Fundação Calouste Gulbenkian, ao qual responderam quinhentos e vinte três rapazes e raparigas da mesma faixa etária. Agradeço a colaboração da Dr.ª Maria Manuela Picciochi e da Dr.ª Conceição Rolo, que coordenaram o estudo nas respectivas escolas.

A primeira pergunta era «porque será que algumas crianças e adolescentes são mais violentas que outras?» Mais de metade das respostas (57,6%) atribui a problemas familiares a razão primeira dessa violência: aí englobam-se respostas como «os pais não dão atenção» (13%), «são violentos para os filhos», «maltratam» ou «porque os pais dão-se mal». Um terço deste grupo atribui a «falhas na educação» a causa deste problema. A terceira causa mais vezes apontada foi «influência dos amigos e dos grupos» (15,2%) e só depois a influência negativa da TV e dos «media» (13%). Os resultados são semelhantes aos obtidos no inquérito às crianças e adolescentes ingleses, embora no nosso estudo os problemas familiares tenham sido apontados em maior número de casos (35% na população inglesa).

Perguntava-se depois «será que os rapazes e os homens são mais violentos que as raparigas ou mulheres e se sim, como se poderia mudar essa tendência». Quase todos concordam com a premissa; os casos em que isso não aconteceu eram poucos (10 em 142) e nesses as respostas eram do género *«hoje em dia ambos são igualmente violentos» (Mariana, 14 anos)*. A maior parte do grupo acha que isto deveria mudar, pondo ênfase na educação dada pelos pais e pela própria escola. Mesmo assim, 13% acha que isto não deverá mudar pois *«já não é possível.» (Zé, 15 anos)*

A terceira pergunta era «que formas poderia haver de ajudar crianças e adolescentes a não serem tão violentos?» De novo o maior grupo de respostas punha ênfase na importância de modelos que os pais transmitem aos filhos:

«O que leva a isso é o facto das crianças se sentirem excluídas ou mal amadas logo pelos pais.» (Justina, 15 anos)

Mas muitos avançam com a ideia de aumentar o número de respostas de índole social, como por exemplo:

«Fazer escolas para eles em que as pessoas que trabalhavam nesse sítio fossem verdadeiramente sinceros e importantes para eles.» (Ana, 13 anos)

«O governo também devia ajudar a câmara para esta construir casas mais baratas ao nível do preço e da renda... porque sem família ou com ela separada e a viver em barracas, os jovens tornam-se mais tristes e se as pessoas vivem em barracas é porque não têm dinheiro para comprar casas.» (Francisco, 12 anos)

Ou ainda, *«fazer centros de reabilitação para essas crianças com muitos problemas, grátis» (Sofia, 12 anos)*, ou *«recolhendo as crianças abandonadas.» (Jorge, 12 anos)*

Em relação ao peso dos «media» e da televisão, a maior parte das respostas que tocam nesse ponto condenam o uso maciço de imagens violentas:

«Nos jornais e TV deviam era deixar de mostrar cenas tão violentas» (Luís, 15 anos,) ou *«para mim a TV é super-violenta, até a maior parte dos desenhos animados só têm lutas, guerras, poderes especiais, personagens super-fortes.» (António, 12 anos)*

Contudo, mesmo aí há opiniões divergentes, como a do *Carlos, 13 anos:*

«Acho que essas campanhas contra a violência na TV são perfeitamente sem fundamento, pois se nós não víssemos coisas seríamos, como se diz, umas flores de estufa.»

Ou a do João, 15 anos, que diz *«sou contra isso de tirarem alguns programas na TV, embora ache que os pais podiam fazer mais controle que é o dever deles».*

A quarta pergunta era sobre «o que poderia ser feito para impedir adultos de serem violentos para crianças ou adolescentes?» As cento e quarenta e duas respostas são muito diversificadas, mas novamente encontramos opiniões espantosas, onde mais uma vez a intuição e conhecimento destes miúdos é quase surpreendente. Ouçamos algumas dessas opiniões:

«O espancamento de crianças é uma das piores coisas que lhes pode acontecer. Assim, no futuro, os seus actos e pensamentos vão ser sempre os mesmos respondendo ao ambiente onde foram criados.» (Pedro, 12 anos)

«Algumas dessas crianças deviam ser adoptadas, já que há tantas pessoas que sem os poder ter biologicamente têm verdadeira vocação paternal.» (Sara, 15 anos)

«Evitar que fiquem violentos ainda em crianças.» (Miguel, 13 anos)

«Há pessoas que abandonam os filhos por falta de condições, porque é que só se lembram disso depois de os terem?» (Joana, 13 anos)

Outras dão destaque ao papel da justiça:

«Há leis, mas não são cumpridas» (Ana, 15 anos) ou *«Aplicar multas severas e nos piores tirar a tutela do filho.» (Pedro, 16 anos)*

Outros avançam com a importância de medidas de âmbito mais social:

«Pô-los numa melhor situação económica.» (Miguel, 14 anos)

«Emprego mais decente.» (Rafael, 13 anos)

«Controlo pela Assistência Social.» (Ana, 15 anos)

Vários conseguem perceber uma ligação transgeracional destas situações:

«Esses adultos já foram crianças e castigam como foram castigados.» (Elsa, 16 anos)

«Os adultos são violentos quando em pequenos foram violentados.» (Rita, 12 anos)

E por último, da importância da Saúde Mental, expressa em frases como:

«Tratamento psicológico dessas pessoas.» (Berta, 13 anos)

«Tentar compreender as suas emoções e pensamentos.» (Sandra, 17 anos)

A penúltima pergunta dizia respeito a vivências mais directas na vida de cada um: «descreve um episódio de violência (emocional, física, sexual) que tivesse envolvido crianças e/ou adolescentes, e em que tivesses participado como agressor, vítima ou observador. Será que esse episódio podia ter sido evitado? E se sim, como?»

Na maior parte das respostas há diferentes situações descritas, embora a maioria se coloque no papel de observador (55%). Como vítimas, 14 % das crianças descrevem diferentes episódios:

«Fui vítima, porque os meus pais discutiam muito e por isso tive que resolver o problema à minha maneira prática e isso podia ter sido evitado se eles me tivessem dados ouvidos e parassem de discutir.» (Jorge, 13 anos)

«Um dia, quando tinha 11 anos fugi para o Porto porque não me sentia bem. Em casa as coisas não estavam a correr bem. Eu não me estava a dar bem com o meu padrasto.» (Manuel, 15 anos)

Só raramente se colocam no papel de agressores (5,5%):

«Já fui um rapaz perturbado e agredi muita gente e não quero escrever sobre esses horríveis momentos.» (Fábio, 14 anos)

Os episódios são sobretudo sobre abuso físico (37%), depois emocional (14%) e só raramente sexual (3%). O local mais vezes referido como palco desses episódios é a própria escola (em ambas as escolas):

«Existem todos os dias incidentes aqui!... Eu assisti a tudo como simples observador (ainda bem!!!) e fiquei com aquela cara igual à que eu ponho quando não gosto da comida.» (Vasco, 12 anos)

«Todos os dias tenho amigos que são agredidos emocionalmente por parte de insultos que lhes tocam nos seus pontos fracos.» (Rui, 13 anos)

Ou então outros envolvendo também os adultos da Escola:

«Na aula o professor perguntou a um aluno uma questão. O aluno não soube responder. Por a pergunta ser básica e o aluno não ter sabido responder, tirou a conclusão que ele não sabia nada, então em frente à turma toda continuou a fazer perguntas relacionadas com o mesmo tema, e o aluno continuava sem responder e toda a turma gozava. O professor observava e continuava. Sim, podia ter sido evitado. Se o professor não tivesse vontade de humilhar alguém.» (Margarida, 16 anos)

A Marta, de 17 anos, deu outro exemplo semelhante:

«Uma vez vi um professor bater num aluno. Não considero nada pedagógico, sobretudo daquela maneira.»

A rua é o segundo local mais referido e o terceiro é na própria casa (16%):

«Os pais a discutirem em frente aos filhos.» (António, 15 anos)

«Um casal discute em frente dos filhos. Os filhos estão esquecidos num canto da cozinha muito assustados.» (Isabel, 17 anos)

Na última pergunta, pedia-se para agrupar por ordem de importância estes três factores que podem influenciar comportamentos violentos em crianças e adolescentes: pobreza económica e social (inclui viver em bairros degradados); influência negativa da televisão (imagens, filmes violentos); má qualidade na relação entre pais e filhos (pais violentos, pais ausentes, pais presentes que não ligam aos filhos).

A maioria das respostas (51%) escolheu como principal fonte de violência a má relação entre pais e filhos. Em segundo (28%), tivemos a escolha de pobreza económica e social. Por último, a influência da TV só foi apontada como o factor mais importante por 23% destas crianças e adolescentes.

CANÇÕES SEM PALAVRAS

Tenho duas imagens distintas na minha cabeça e entre elas passa-se quase tudo.

No filme *Kids,* de Larry Clark, um bando desgovernado de miúdos vive sucessivamente sem sentido nenhum para além de consumir drogas e indistintamente fazer sexo. Lembro-me então da paisagem do deserto do Estado do Arizona, depois de deixar Los Angeles, um calor impressionante, cactos agressivamente mordendo se nos aproximávamos, um longo lagarto verde cruzando a rua, e por fim um lento acordar num hotel em Phoenix, o ar condicionado demasiado forte e uma música a dar na M-TV:

«*You're not alone*
I am here with you».

Noutra cena, recordo-me de estar sentado apreciando um dos mais tocantes bailados do Ballet Gulbenkian, que se desenvolve ao som de *Canções Sem Palavras,* uma obra para piano de Mendelssohn. Hoje, quando as ouço de novo, recordo o que dizem ter sido a resposta do compositor quando lhe perguntaram o significado desta obra:

«*Mesmo que, numa ou outra ocasião, eu tivesse uma palavra particular na cabeça, não a diria a ninguém, pois a mesma palavra significa dife-*

rentes coisas para diferentes pessoas... Só as canções expressam sentimentos que não podem ser postos em palavras.»

São duas imagens distintas, e entre elas passa-se quase tudo. Como entre o inferno e o céu, o ódio e o amor, a morte e a vida.

Estamos sempre inocentes às portas do sofrimento.

CAPÍTULO 3

EM NOME DO PAI

AFIRMAÇÃO PATOLÓGICA DA IDENTIDADE INDIVIDUAL E SOCIAL

COMO É QUE É?

— Como é que se reconhece um rapaz?
— É porque se parece a um rapaz.
— Como é que um rapaz é diferente de uma rapariga?
— É porque um rapaz tem coisas de rapaz.
— Como é que um rapaz sabe que é rapaz?
— É porque se sente bem como rapaz.
— Pronto.

PROMETE

É mau demais pensar em rapazes que não tiveram hipótese alguma de crescer seguros, guardando cigarros angustiados no bolso de trás, precisando de dizer muitas vezes «eu era aquele lá da escola de quem todos tinham medo e tu é que não eras nada nem ninguém, eu batia-te e tu tinhas de fazer o que eu dizia se não tu ias ver...», tendo vergonha dos pontos fracos, tanta vergonha que fingem brincar com ela todos os dias, ou melhor, quase todas as noites, pondo-a nos outros, gozando assim «ah-ah-ah», e escárnio é uma palavra que se escreve com quase todas as vogais — falta o *u* — «uh, olha-me aquele... maricas!»

E depois, afinal, chuchando o dedo desesperadamente, tendo medo da própria sombra, incontrolavelmente molhando a cama, sonhando com todos os músculos que não têm, com amizades que não existem, com campeonatos sem taça, uma tristeza... Uma tristeza às vezes tão triste que nem há palavras. Uma tristeza, enfim, que os outros homens, pais desses rapazes ou pais de todos os outros ou, pelo menos, todos os homens que já foram filhos, deviam tentar ver e deixar de fingir não querer saber, evitando dizer tretas que correm forçadamente, gabarolando um «é assim mesmo, miúdo», como se estivesse tudo bem assim, deixando-os a eles, rapazes ainda crianças, mais presos na muralha que já existe, mais fracos do que na verdade são, tão fingindamente fáceis que fazem tudo difícil, crescendo nos seus corpos como em máquinas sem alma, corpos só de motor, prédios de cimento com interiores em «open-space», como sinais vermelhos a desrespeitar, corpos revestidos a pele plástica, quase pele de helicóptero, uma falsidade, enfim.

E afinal, um homem, os homens, esses e todos os homens, o que deveriam fazer era mandarem parar o Mundo, «espera aí um bocado», e tentar endireitar as vidas desses rapazes e...

... primeiro, respirar fundo, arregaçar as mangas e fazer assim: passar-lhes a mão pelo ombro.

(O meu pai és tu?)...

... e segundo, puxar cá para baixo umas quantas estrelas e, já quase de madrugada, noite alta e escura, dizer claro: já viste quantas vidas foram enganadas por não se deixarem viver tal como estavam encomendadas?

(Pai, eu gosto de ti)...

... e terceiro, mostrar um caminho. Um!

(Pai, tu não me deixes)...

... e por último

dar todo o amor sentido que é preciso para que isto se cumpra.

(Pai, já sei ser filho, quero ser pai como tu).

PERDIDOS PARA SEMPRE

Há alguns anos atrás, o Mundo pareceu surpreendido com a notícia de dois rapazes de Liverpool que tinham morto James Bulger, de 2 anos. O crime assustou a opinião pública, e comentários sobre as razões para o sucedido fizeram manchetes de jornais e programas de televisão. A pergunta geral era esta: como era possível dois rapazes de 10 e 11 anos cometerem um crime tão violento? Seria simplesmente «obra do Diabo» ou «perversão da natureza», como designaram nas actas finais do julgamento um dos juízes ou o Arcebispo de Worcester?

Só muito recentemente foi possível conhecer dados concretos que permitiram um entendimento muito mais detalhado sobre o assunto. E se em relação a estes dois rapazes isso já pouco adianta, porque as suas vidas pessoais e familiares ficarão para sempre marcadas pela intensidade de todos os factos, esta reflexão crítica pode ajudar a prevenir repetições deste género de situação se, de facto, tomarmos seriamente como exemplo a vida de Robert Thompson e Jon Venables e o grau de sofrimento e perturbação psíquica que tinham, e que tão violentamente agiram na tarde de 12 de Fevereiro de 1993.

Robert e Jon não eram uns rapazes quaisquer, e se olharmos para as suas histórias pessoais percebemos que o que viviam e transportavam dentro de si era uma organização psíquica patologicamente defensiva, mas muito próxima do que é comum a tantas outras crianças da sua idade que não se conseguem estruturar de outra forma perante a intensidade do sofrimento emocional a que estão sujeitos. O que separa este grupo semelhante de rapazes de cometerem ou não crimes desta natureza é uma ténue margem de diferença…

Mas recordemos o que se passou exactamente, tanto quanto é possível reconstituir este género de factos. Na manhã desse dia 12 de Fevereiro, os dois rapazes faltaram à escola primária que frequentavam e dirigiram-se a um grande centro comercial dos subúrbios de Liverpool, onde moravam. Foram então vistos a fazer pequenos distúrbios, como insultar pessoas de idade, terem comportamentos provocatórios nas escadas rolantes e realizarem pequenos furtos (sabe-se que tiraram um pequeno boneco de um loja de brinquedos, pilhas para os «walkman» e alguma comida de uma loja de «take-away»). Já a meio da tarde, os dois rapazes conseguem atrair James Bulger, e depois, afastá-lo da proximidade da sua mãe e encaminharam-no para a saída. Percorreram com ele mais de três quilómetros, entre repetidas agressões físicas e verbais contra a criança, até à proximidade da linha de comboio. Aí, agridem-no com extrema violência, sobretudo com pontapés e uma barra de ferro na cabeça. Despem-no da cintura para baixo, manipulam o seu pénis, introduzem pilhas do «walkman» no seu ânus e deixam-no inanimado sobre os carris. Quando o comboio seguinte passa e dilacera o corpo, James Bulger já estaria morto na sequência de graves hemorragias internas, resultantes de ferimentos cranianos e toráxicos.

De tudo isto, para nós cidadãos comuns, restam também as imagens teledifundidas pelo mundo inteiro e registadas por uma câmara de vídeo da segurança interna da loja «Mothercare»: dois rapazes de aspecto franzino aproximam-se tranquilamente de James Bulger; um deles dá-lhe a mão, faz-lhe uma carícia na cabeça como quem o protege, enquanto o outro se adianta um pouco. James não oferece qualquer resistência. Por tudo o que se passou até aquele momento na vida de Robert e Jon, e por tudo o que se passaria depois, não podia haver imagem mais tocante: «Mothercare» (cuidados maternais) e uma mão dada na mão.

Robert e Jon eram dois rapazes que viviam num subúrbio de Liverpool. Oriundos de uma classe baixa, lutando contra graves problemas sócio-económicos que subsistiam na Inglaterra do começo dos anos 90, tinham um passado de abandono, negligência e abuso muito comuns.

Robert era o quinto de seis filhos rapazes de um casal divorciado e poucos contactos tinha com o pai, um operário da zona com problemas de alcoolismo. Na organização familiar havia um modelo de relação entre estes seis rapazes em que o mais velho fazia dos irmãos imediatamente abaixo um alvo de chacota, humilhação e abuso físico. Robert teria sido vítima de abuso sexual dentro desse contexto.

Jon era o segundo de três irmãos, também com os pais separados, que vivia uma semana alternadamente com a mãe, outra com o pai, sendo frequentemente usado como alvo de conflitos entre os dois, numa espécie de bola de pinguepongue a ser disputada por golpes de raquetas adversárias.

Robert e Jon tinham dificuldades escolares nítidas e ambos repetiam o equivalente à 3.ª classe, embora com cinco anos de frequência. Eram colegas de sala e os problemas de comportamento (instabilidade, hiperactividade, agressividade, com muitos conteúdos sexuais verbalizados e explícitos) eram bem conhecidos da escola. O absentismo era também frequente, e no local onde moravam eram vistos, com outros rapazes da sua idade e alguns mais velhos, a provocar distúrbios na rua. Outra parte importante do tempo era também gasto a consumir vídeos que alugavam numa loja próxima, ou a jogar computador. Novamente as imagens eram maciçamente violentas e filmes como *Rambo*, *Exterminador Implacável* os seus preferidos. Silvester Stallone, Schwarzenneger e Sonic (*The Hedge Hog*) os seus heróis idealizados.

É claro que a organização psíquica destes dois rapazes era de enorme fragilidade. Depreciavam-se constantemente na escola e globalmente na relação com os outros, numa linha de depressividade não mentalizada (branca, vazia), e apresentavam sinais e sintomas de uma importante imaturidade afectiva, claramente associada a uma vinculação insegura em relação às figuras maternas, com um balanço dependência-autonomia muito precário. Robert chuchava repetidamente no polegar, Jon tinha medo da própria sombra, e ambos tinham dificuldades de sono, dormindo de luz acesa. Um deles também mantinha uma enurese nocturna persistente.

Num dos inquéritos policiais posteriormente levados a cabo, registaram-se excertos muitos significativos. Por exemplo, a Jon perguntaram:

«As coisas que tu fazias com Robert fazias também com outros amigos?»

«Não. Os outros eram bons. Nós não.»

«E como é que descreverias Robert?»

«Bem, ele tem muito de menina, chucha chupetas.» («He's much of a girl. He sucks dummies...»).

E quando perguntaram a Robert como explicava ele algumas marcas sujas no seu rosto, quando foi visto após o crime, respondeu:

«Sujas, o que quer dizer? Marcas sujas? Como as de sexo?» («Dirty, what do you mean? Dirty marks? Like sex marks?»)

Os relatos e comentários das observações e inquéritos a estas crianças e famílias, que só recentemente têm sido detalhadamente apresentados, são inequívocos em fazer ver o peso de múltiplas experiências adversas — incluindo as de nível social, familiar e individual — nas vidas de Robert e Jon. É com bastante certeza que podemos dizer que estas crianças, afinal como tantas outras com patologia semelhante, estavam persecutoriamente envolvidas nas suas fragilidades (destacamos as identificatórias e de identidade), completamente entregues a elas próprias e às suas produções ou fantasias mentais distorcidas, que culminaram num sentido comum de desespero (hopelessness) e incapacidade de ajuda (helplessness).

Sobreviventes de um mundo socialmente hostil, com famílias internamente destroçadas e sem perspectivas externas de mudança, com pais ausentes e mães frágeis e inconsistentes que não são modelos de referência afectiva, procurando afirmar-se (embora negativamente) no seu grupo de pares, tentando estabelecer uma identidade sexual através da violência, Jon e Robert tentaram simbolicamente, ao matar o indefeso James Bulger, matar afinal o bebé maltratado que persistia dentro deles próprios. Dito de outra forma, James foi o alvo mais adequado às projecções patológicas do lado frágil, imaturo, dependente, assustado, inseguro dos dois próprios rapazes. A violência física e sexual de que o acto se revestiu, traduziu a provável experiência fantasiada de controle, omnipotência, afirmação heterosexual, e supremacia sobre o outro lado (ali clivado e posto no bebé de dois anos), como quem num acto público expurga, condena e liquida o que internamente os ameaçava. Robert e Jon afirmaram-se nesse instante numa dupla identidade, em que simultaneamente desempenharam o papel de bebés maltratados e adultos maltratantes.

Poder-se-á evitar crimes semelhantes a este de Liverpool? Embora nem tudo se saiba ou se venha a saber sobre este caso, a resposta é sim. Como? Levando a sério a premissa de que as falhas que estes dois rapazes apresentavam no seu funcionamento psíquico é algo que, infelizmente, um número grande de crianças vive patologicamente durante o seu crescimento emocional. E tendo em conta que, quando algo de grave e terrível acontece na vida de uma criança ou adolescente isso nunca vem do nada, antes começou precocemente tendo por fundo um cenário traumático, e exteriorizou-se mais intensamente quando as defesas do próprio aparelho psíquico deixaram de ser eficazes para conter internamente essas dificuldades.

Pessoalmente, um dos problemas que hoje mais me inquieta não é tanto o de alguns rapazes com graves perturbações que conhecemos na nossa clínica, pois em relação a essas podemos sempre, pelo menos, pensar em alguma coisa, mesmo que os resultados sejam poucos; o problema é mais dos que nunca chegaram ou chegarão até nós ou a outros profissionais da área e passam como se nada fosse por entre uma rede que se sente progressivamente mais lassa e desfeita nas suas respostas.

O problema é também tantos acreditarem que a melhor solução para responder a estes casos é apenas aumentar as respostas punitivas, eventualmente diminuindo a idade de responsabilidade criminal com base na falsa ideia da maior precocidade da maturidade emocional, ou aumentando as penas ou as instituições de regime fechado sem melhorar a sua eficácia terapêutica pela qualidade técnica e humana do seu «staff».

O problema é igualmente existirem adultos, incluindo alguns pais, que continuam impunes mesmo depois de cometerem repetidamente actos tão lesivos do bem-estar destas crianças.

O problema é ainda tantos pensarem que a melhor política não é a preventiva, tentando com acções concertadas da Saúde, Educação, Justiça e Segurança Social, evitar situações extremas como esta.

Para prevenir é preciso continuar a mudar mentalidades, pois diariamente, e numa base muito regular, muitos, mas mesmo muitos outros rapazes estão a ver as suas vidas marcadas ou destruídas pelo peso de circunstâncias muito semelhantes às que Robert e Jon viveram. É claro que é provavel que a maioria nunca passe do papel de vítimas a vitimizadores, e talvez poucos dos que o fizerem nunca cheguem a cometer actos com a espectacularidade deste que aconteceu em Liverpool. Mas outras portas de saída para a expulsão de um enorme sentimento interior de raiva, ódio e desespero, serão encontradas, e o peso social de algumas perturbações psíquicas continuará a aumentar. É que a infância não é uma época estática da vida onde tudo pode acontecer sem que nada daí resulte no futuro; é justamente o contrário, um tempo onde quase tudo se joga e onde devemos tomar a sério todo o conhecimento que a psiquiatria da infância e adolescência pode revelar, pois não sendo a explicação ou a cura única de tudo, pode ajudar à compreensão e resolução de problemas.

GOSTAVA DE PERGUNTAR

(baseado em o «Lorinhão Escorreito», de Mário Cesariny e João Rodrigues)

O que é a esperança?
É uma bandeira branca a dar um nó ao abraçar o mundo.
O que é o amor?
É um pássaro pequenino que por aqui passou de Inverno e volta quando for Primavera.
O que é a razão?
São os meus dedos a escreverem direito as coisas que a cabeça não pensa.
O que é a tristeza?
É quando te perco mesmo quando te encontro.
O que é o coração?
É um Deus em que se acredita.
O que é a coragem?
É ficar sozinho perante a multidão.
O que é o sonho?
É ver às escondidas a forma que a gente dá ao mundo.
O que é o futuro?
É o que o passado construiu.

Hoje em dia existe ainda um peso social muito forte na desagregação familiar e individual que observamos. Apesar de melhorias globais consideráveis para uma parte crescente da população, não podemos olhar para o todo esquecendo as partes que o compõem, ou seja, jamais poderemos esquecer as pessoas apesar do incremento de números. Há famílias que continuam a viver no limiar da pobreza, o desemprego diz ainda respeito a uma boa parte da população potencialmente activa, a estabilidade de empregos remunerados é cada vez mais rara.

Quem visita, por exemplo, zonas ou bairros degradados dentro das grandes cidades ou na sua periferia, quem conhece alguns pontos de uma ruralidade desprotegida, quem descobre bairros de realojamento que esmagam ou diluem qualquer possibilidade de sentimento de pertença, que a droga é o ponto à volta do qual se organizam milhares de vidas, sabe com certeza que há muitas crianças e adolescentes que crescem moldadas por condições muito adversas de vida, sem ligações a ramos alargados da família, rodeadas por uma mensagem clara de poucas expectativas de melhoria, em que o passado é para esquecer, o futuro não existe e, portanto, há que viver apenas na desreferência do presente.

Para estas crianças e adolescentes, crescer com este cenário por fundo é, por si só, um processo confuso e incerto em que estatutos e papéis tradicionalmente organizados segundo uma certa ordem e horizonte são pulverizados por uma cultura que, no fundo, as esquece, negligencia ou maltrata desde demasiado cedo.

Muitos rapazes de hoje crescem na ausência de contacto ou proximidade emocional da Mãe, mas a muitos mais acontece isso em relação ao pai. Frequentes vezes deparamo-nos com situações em que perante essa ausência paterna, a própria mãe aparece como demasiado frágil ou não facilitadora do acesso à imagem do pai. Assim, o próprio problema da separação-individuação fica dificultado pois o que é necessário resolver é, do ponto de vista do desenvolvimento dessas crianças, uma charada sem solução, que nas suas palavras poderia ser qualquer coisa como: «Como é que eu cresço como pessoa, como rapaz, e como rapaz que deseja e pode ter um dia uma rapariga, se não tenho pai com quem me identificar e preciso de me autonomizar da minha mãe? Mas como posso eu autonomizar-me dela se preciso tanto de a ela me ligar para tentar recuperar o que não tive ou que ela não me conseguiu dar? Só se eu me tornar dependente, o menino da minha mãe, e, como ela, não ligar ou esquecer o valor do meu pai... Mas se isso acontecer como será que eu me faço rapaz, ou seja, não ficarei assim muito menina? E se eu quiser saber como é ser rapaz ou homem, ó pai onde é que tu estás?»

Estas questões, dúvidas sem saída aparente para estas crianças ou adolescentes, assim vividas em fantasia, são potencialmente aumentadas pela pressão da sociedade e do grupo em relação aos padrões de masculinidade e de afirmação de heterossexualidade e aceleradas pela informação/experiência crescente de aspectos de uma sexualidade clivada dos afectos.

Dito de outra forma, o «x» da encruzilhada da vida psíquica de muitos rapazes tem a ver com a ausência física ou psíquica do pai, que implica dificuldades nas identificações e identidade masculina. Este problema é muitas vezes potenciado pela relação com as mães que denegam ou limitam a importância dos pais, envolvendo os filhos rapazes nos seus conflitos, projectando neles o negativo dos adultos («Tu és mau como o teu pai...», por exemplo) ou duplamente castrando-os fazendo-os demasiado dependentes, próximos mesmo do ponto de vista sexual (objectos parcialmente sexualizáveis, como os filhos que ocupam na cama o lugar dos pais ausentes). Quando a isto se junta uma inconsistência real dos pais com ausência de outros modelos masculinos alternativos, e sobretudo nessas situações, o nó cego está dado.

Aí, o aumento de fantasias de incapacidade ou falha em ascender a uma posição masculina heterossexual, tanto maior quanto mais a culpabilidade gerada pela omnipotência defensiva a essa mesma separação («do meu pai eu não preciso...») gera movimentos que favorecem a dependência emocional em relação às mães.

QUEM VÊ T.V.

Dissemos já que hoje em dia o problema é crescente, também por um aumento de factores exteriores que, aumentando o acesso à informação (TV, vídeo, jogos computador, internet) de conteúdos muito agressivos, sexualizados, deixam estas crianças assustadas com as suas fantasias, e com maior possibilidade de compulsão a agi-las, tornando-as realidade.

Não existem dúvidas sobre os efeitos que a televisão e os videojogos podem ter como potenciadores de comportamentos agressivos e violentos. O comportamento de imitação é instintivo, e ele será tanto maior quanto menor for o filtro de adultos no momento em que a criança é invadida por determinadas mensagens. O risco é grande pois existem muitos conteúdos sem valores claros, sem clivagens estruturantes com diferenças «bons X maus», com fortes apelos a actos agressivos e a mensagens de conteúdos sexualizados.

Faz não muito tempo que numa escola primária onde trabalho se fez a experiência de filmar de frente crianças enquanto assistiam à projecção vídeo de uma das séries de acção por elas mais vistas na televisão. Os pais ficaram surpreendidos com as alterações de comportamento dos filhos durante a emissão, nomeadamente de repetição de expressões e actos agressivos numa total identificação às personagens.

Em 1973, uma pequena cidade canadiana, chamada Notel pelos investigadores, adquiriu TV pela primeira vez. L. Joy e colegas estudaram durante anos o impacto dessa mudança nos comportamentos das crianças e adolescentes, registando um aumento de 160% nos índices de agressividade física.

Numa época em que, por exemplo, nos Estados Unidos, as crianças de idade pré-escolar vêem uma média de 27 horas de TV por semana, mais de 50% dos pais desistiram de pôr limites ao tipo e qualidade de programas que os filhos consomem, 24% das crianças têm TV no quarto o mesmo sucedendo cada vez mais em Portugal onde, segundo dados recentes, mais de 2/3 das famílias possui mais de um aparelho em casa, importa repensar que cultura de violência queremos ou não oferecer a estas gerações.

Também entre nós, um estudo recente, coordenado por Jorge Vala (ISCTE) e apresentado pela Alta Autoridade para a Comunicação

Social, referia dados muito importantes para serem pensados. Que as crianças portuguesas estão mais expostas à violência na TV do que os adultos, pois os actos violentos acontecem com mais frequência e duram uma maior percentagem de tempo do programa. Por hora as crianças assistem a 54 interacções violentas, ao passo que os adultos vêm 18 em média. Os programas infantis mostram uma média de cinco mortes por hora, em que as vítimas sofrem actos agressivos deliberados «não justificados», por «raiva, retaliação, intenção de ter proveito [...] poucas se prendem com a necessidade de defesa da vida ou cumprimento de dever». Em 60% dos casos, «os agressores não são punidos [...] e isso acontece em menor escala que nos Estados Unidos da América».

Sem uma responsabilização mista de pais e famílias os riscos aumentarão. Eles são sobretudo de uma dessensibilização crescente face à agressividade e sexualidade, com possibilidade de um agir confuso contra o próprio ou contra os outros. A máxima a reter pode ser mesmo esta: uma dieta televisiva de baixa qualidade não faz bem à criança, e em condições de vulnerabilidade pode fazer muito mal.

O mesmo em relação aos videojogos ou jogos para computador. Seguem-se excertos de folhetos de propaganda, alguns de grande sucesso, e com indicações para poderem ser jogados por maiores de três anos de idade:

«Mais de 30 níveis cobertos de ácidos, um arsenal de armas letais, explosões realistas, destruições espectaculares. Toda a acção arrepiante reunida num jogo soturno de provocar pesadelos.»

«Ao Super-Homem que há em ti... Ajuda a espatifar, esmagar, varrer e aniquilar o teu adversário, transformando-o em partículas microscópicas.»

Ou uma última que dizia «... nenhum truque é demasiado baixo, nenhum método demasiado cruel para entrares neste mundo corrupto...»

C. Chiland, pedopsiquiatra francesa, registou as diferenças entre o que os pais e o que a televisão ou alguns jogos transmitem às crianças, realçando as falhas na construção de uma instância psíquica de auto-censura. Segundo a autora, um bom pai tansmite valores de forma coerente, protege as crianças, impõe naturalmente regras e limites (o «não» como elemento estruturante); em muitos programas de televisão consumidos por crianças e adolescentes, os valores são incoerentes, inconsistentes e caóticos, expõem a criança e não reforçam nenhum valor transmitido. Acrescenta-se que, quer a T.V. quer os videojogos, são formas de relação não recíproca, em que a criança é essencialmente um participante passivo (receptor) em relação ao que lhe é transmitido. O lado da relação humana e suas riquezas é assim deixado em segundo plano.

ENQUANTO ESPERO, DESESPERO

Foi notícia na televisão e capa de jornal. Uma criança de 9 anos, aluno de uma escola primária dos arredores de Lisboa, conseguiu unir pais e professores num só propósito:

«Ou ele sai daqui, ou nós proibímo-lo de cá entrar... Chama-se a TV ou a escola pára até se solucionar o caso», disseram.

O número e a gravidade de episódios de agressividade incontrolável por parte deste rapaz a crianças e adultos gerou um movimento de tamanha força e impensável dimensão, que terminou em notícia de dimensão nacional. Em reportagens então publicadas na imprensa liam-se depoimentos de várias pessoas envolvidas neste processo *«de uma criança que ameaçou encerrar uma escola primária»:*

«... uma série de pais pediu oficialmente a transferência dos seus filhos daquela escola por motivos de segurança...»

«... alguma coisa correu estrondosamente mal...»

«... havia a notícia de que este rapaz levava para a escola correntes e armas brancas com que ameaçava os colegas. E chegados a este ponto o Ministério foi obrigado a acordar...»

Termino estas citações transcrevendo a forma como a notícia de um jornal começava o destaque de página inteira:

«... errou-se tanto que o processo se tornou irreversível...»

A pedido da Comissão de Protecção de Menores da zona, observei então este rapaz.

O Márcio veio à consulta acompanhado pela mãe, com quem vive na companhia de um irmão mais velho, um adolescente de nome Tiago, filho de uma outra ligação. O pai do Márcio abandonou-o no seu segundo ano de vida; a mãe diz que o motivo da separação teriam sido problemas relacionados com o consumo de tóxicos e abuso sexual do Tiago, com exposição do Márcio. Desde essa altura, os contactos com o pai são esporádicos, tendo o último ocorrido há mais de três anos.

A mãe dizia-nos que estava preocupada com o comportamento do seu filho:

«Não se sabe controlar, é agressivo em tudo, até nas palavras. Mas no fundo, também é meigo; é sempre preocupado comigo, dá-me prendas com o dinheiro que consegue arranjar, é como se quisesse ser o homem da casa.» E continuava: «Mas depois, dão-lhe ataques de nervos que parece um bebé com birras, diz-me que eu sou má, que não presto... Se alguém fala no pai, vem e chama-me muitos nomes a mim, como se fosse eu que tivesse a culpa.»

«E o que lhe diz nessas alturas?»

«Digo-lhe que ele é um abusador. Não me controlo também. Chamo-lhe abusador, que se continua assim vai ser como o pai, drogado e com os outros problemas todos...»

«E ele o que é que responde?»

«Que então que se mata. Fala muito na morte e isso chateia-me profundamente... Lembra-me o pai, o Márcio lembra-me muito o pai dele que diz que me matava... E eu sei que ele se anda a juntar a malandros, só a grupos de malandros e isso ainda me amachuca mais...»

Digo-lhe que o Márcio me parece uma criança triste, mas que continuamente mostra essa tristeza sob a forma de uma grande zanga, de uma revolta que parece pôr em tudo ou em todos os que o rodeiam.

«Na sua opinião, de onde será que vem essa revolta?», pergunto-lhe.

«Acho que é uma revolta contra o pai. O pai abusou do meu outro filho, e agora o Tiago atira-lhe isso à cara. O Márcio responde que não é verdade, é mentira, mas fica revoltado. Se o Tiago insiste, este então responde que não se importa porque cada um come do que gosta.»

«Deve ser um peso muito grande para uma criança ser responsabilizada por uma coisa que na realidade não fez... E pai e filho são pessoas distintas.»

«Pois, mas o Márcio foi agora apanhado com outro miúdo. Estavam os dois despidos, lá nessa casa. Disseram à mãe do outro que estavam a brincar ao quarto escuro... mas eu sei que o outro rapaz passou pelo mesmo que o meu mais velho: o pai também abusou dele.»

«Mas de qualquer forma parece-me que o Márcio anda à procura de um pai, ou pelo menos de poder olhar para um pai com uma imagem diferente da que mostram do dele.»

«Não sei, quer dizer, isto até me dá vontade de rir, ou de rir ou de me envergonhar, não sei bem, mas na rua o Márcio olha muito para os homens, morde os lábios e faz gestos de mandar tudo para aquele sítio... Fica corado quando eu reparo.»

No decorrer desta primeira entrevista à mãe, percebo ainda que, óbviamente os problemas do Márcio não começaram apenas aos 9 anos. Após um período de gravidez turbulento, com internamento da mãe por ameaça de aborto ao sétimo mês por maus tratos físicos do pai, o Márcio cedo manifestou problemas de sono, com uma insónia agitada e queixas alimentares. Teve ainda três internamentos hspitalares prolongados no primeiro ano de vida, na sequência de uma gastro-enterite, uma broncopneumonia e uma operação a uma hérnia inguinal. No Jardim de Infância, as queixas de instabilidade e agressividade eram fortes, tal como as das variações súbitas de humor: de agitação extrema passava a períodos de isolamento, choro fácil e recusa de contacto. Sempre teve dificuldades de integração social pois os outros meninos afastavam-se da sua companhia: por exemplo, não respeitava as regras e agredia. Já desde há alguns anos que a mãe se tinha desempregado para passar a trabalhar próximo da escola:

«Os problemas eram tantos que achei melhor ficar perto, se houvesse alguma coisa...»

Até à data desta consulta, o Márcio mantinha igualmente comportamentos fóbicos importantes:

«Fala muito em medos, de estar sozinho, do escuro e assim... Tenho que o deitar na cama comigo. Muitas vezes ainda faz chichi na cama.»

O Márcio é um rapaz de aspecto harmonioso, pequeno para a idade, tem um contacto inibido e esconde um olhar vivo por baixo da pala do seu boné. Está sentado, encolhido na cadeira, e de início parece nitidamente ansioso. Passa depois a roer as unhas. A sua voz é de um tom baixo, de vergonha. Acha que vem falar comigo «porque me porto mal na escola, faço asneiras».

«Talvez aqui possamos os dois pensar o que será que tu pensas ou sentes que te põe assim, a repetir sempre esses comportamentos na escola.»

«É por causa do meu pai. Não sei dele», e olha para mim.

A resposta foi muito directa e clarificante.

Faço então uma ligação entre essa perda, a tristeza que com certeza sente nalgumas alturas e que depois parece transformar-se em zanga e revolta.

«É que tu não sabes. O meu pai era drogado e fazia asneiras, coisas assim feias com o meu irmão e comigo. A minha mãe e o meu irmão é que também dizem que ele fazia isso.»

«E tu o que achas disso? Porque é possível que o teu pai também tenha lados bons.»

«Não, não tem, é tudo mau. Ele também já tem outro filho e não me liga. Já não o vejo há muito tempo...»

Pergunto-lhe então como será isso de ser rapaz e andar à procura de um pai para quem possa olhar, e faço-lhe um desenho com um boneco a sorrir e outro com a mesma figura com ar triste ou zangado. O Márcio responde com duas legendas: por cima do feliz escreve «eu estou contente por ter um filho» e no triste «eu não gosto de ter um filho». E acrescenta no final que «estas são caras do meu pai».

«E nós sabemos o que tu pensas sobre isso e como gostavas de imaginar o teu pai...»

«Posso dizer uma história do desenho?»

«Podes.»

E dita-me:

«Era uma vez um filho que queria ter um pai.

Eu gostava de ter um pai que fosse meu amigo.

Eu gostava de ter um pai que fosse bom.

Eu gostava de ter um pai que fosse todos os dias passear comigo e com o meu irmão.»

Respondo-lhe duas ou três coisas. Primeiro, que já ambos percebemos como o pai era importante para ele e que, sempre que ele quisesse, poderíamos falar disso. Depois, que talvez tivéssemos de distinguir entre o pai que, à maneira dele, gosta do filho, e o outro lado do mesmo pai que, como pessoa adulta, não consegue ainda organizar-se para poder mostrar isso ao filho da forma que ele estava à espera ou precisava. E ainda que para ele, identificar-se ao pai não tem que ser feito apenas pelo lado negativo. Interrompe-me:

«Eu agora já não faço mais coisas com o Luís, tenho medo... A minha mãe deve ter contado, não foi?»

«Sim. Não precisas é de imaginar que para cresceres ou seres rapaz tens que repetir coisas difíceis do passado achando que essa é a única forma de manteres viva a memória do teu pai...»

Sorri.

Por último, acrescento-lhe ainda que vamos voltar a falar sobre isto tudo, e que é natural que ainda durante algum tempo os mesmos pensamentos ou sentimentos difíceis se repitam e que isso o deixe novamente triste ou revoltado.

«Não tem mal sentires isso, e sobretudo sempre que for importante, estamos cá os dois para falar disso. Mas passar a zanga ou a tristeza para os outros já vimos que não resolve. E isso também talvez tu possas mudar.»

«Eu fui expulso do ATL (língua de fora). Tirei um bebé que lá estava à Luisinha (olha para baixo). Ela tinha dois e a um eu quis bater e isso...»

«E isso faz-te sentir melhor ou deixa-te aliviado?»

(depois de uma pausa) «... Não».

«Então talvez possamos pensar que assim não resulta e, além do mais, são coisas que se voltam contra ti.»

Quando conheci o Márcio predominava na sua organização psíquica uma estrutura de funcionamento depressiva que, no seu discurso manifesto e latente, associava à ausência da figura paterna (embora outros núcleos de falhas narcísicas estivessem também presentes). Permanecia uma forte idealização e um muito nítido desejo de identificação a este pai ausente que, contudo, parecia estar a ser feita à custa de um modelo exclusivamente negativo.

Existia grande dificuldade em pensar esta ausência de que um certo nível de confusão interior, expressa sobretudo nos comportamentos agidos disruptivos e incontroláveis, parecia ser o maior sinal. Neste processo, destacamos igualmente as manifestas falhas da mãe em se organizar como contentora e transformadora do funcionamento psíquico do filho, favorecendo assim muitos dos seus sintomas. Parecia aliás, haver um núcleo masoquista da mãe que favorecia atitudes sádicas por parte da criança.

De qualquer forma, existia ainda um lado de esperança na vida psíquica do Márcio, que sustentava um desejo de mudança mas... o limite temporal para isso já não parecia ser muito. O seu risco evolutivo era grande, nomeadamente para uma futura patologia limite («border-line») da personalidade, com riscos de comportamentos aditivos e possíveis fixações perversas da sua evolução sexual.

Podemos dizer que se iniciou então um apoio psicoterapêutico à criança, a par de uma intervenção familiar e pedagógica especializada. Tendo em conta os acontecimentos escolares então próximos, em que apareciam muito nítidas as graves dificuldades de inserção social, fez-se a proposta de mudança de escola que se concretizou com bons resultados práticos.

NÃO VOU FICAR

Mas porque é que tu não vens?

Será que para eu te ter tenho que ser outra pessoa?

Tu não vieste. Eu esperei. Tu nunca chegaste. Desesperei. Desisti. Esqueci. Cedo me vi sozinho. Há lá coisa mais triste? Muitas vezes faço a mesma pergunta e não acho nenhuma resposta, como se todos estivessem a dormir um fundo e longo sono. E esta é a mensagem que se poderia dizer, como aquela música «pop» a dar na rádio:

«Não quero ficar
Não vou ficar
Sozinho
Aqui sem ti».

Há não muitos anos atrás, o filme *Adeus Pai*, de Luís Filipe Rocha, tornou-se num dos dez mais vistos de sempre do cinema português. Contava a história de um rapaz, o Filipe, de 13 anos, que andava à procura de um pai que o quisesse ter como filho. José Afonso Pimentel foi então o actor revelação, ao interpretar este papel. Agora, adolescente já mais crescido, escreveu assim sobre a importância da mensagem desse filme:

«*Não é preciso recuar alguns anos atrás para encontrar o Filipe do* Adeus Pai. *Basta estarmos mais atentos e desviarmos os olhos do nosso umbigo e olharmos em volta para encontrarmos uma criança que sofre por não ser o ponto de paragem e preocupação da mira do olhar dos pais.*

O Filipe não é fruto da imaginação de um homem. O Filipe é uma criança real que vive no nosso bairro, na nossa rua, ou mesmo na nossa casa.

No filme, é o próprio Filipe que extravasa a sua raiva interior provocando o pai com conversas que ele sabe que lhe iriam criar desconforto e angústia. Mesmo que tudo isto seja como a composição que escreve, uma criação que traduz a vontade de expressar a sua mágoa e que se transforma numa provocação real quando é entregue à professora, numa explosão de raiva amordaçada.

O Filipe não é uma criança feliz, não poderia ser. Uma pessoa só se realiza com outra, não funcionamos sozinhos, construímo-nos na relação com o outro. É por isso que ele procura na Joana o conforto e a atenção que não encontra no pai.

É certo que a sociedade impõe um ritmo de vida que não permite uma total dedicação ao próximo, mas com um pouco de vontade tudo é possível. O que é a sociedade? No fundo a sociedade é constituída por todos nós, por isso está nas nossas mãos mudar, mudar para melhor. É possível!»

QUEM É A PESSOA QUE EU SOU?

Crescer nas condições do Márcio não é fácil, mas é a realidade de muitos outros rapazes. Os riscos são grandes como vimos pelo seu caso, como sabemos pelos de outros e como igualmente ilustrámos com o exemplo de Robert e Jon, os dois rapazes de Liverpool. O limiar entre o agir ou não agir, a gravidade de alguns actos que expressam socialmente um intenso sofrimento psíquico, é muito pequeno: a fronteira entre acontecer ou não acontecer é uma instável linha que muitos percorrem como quem se arrisca num trapézio sem rede.

Viver em condições urbanas ou suburbanas degradadas, com redes sociais destroçadas (não havia mais ninguém por perto da família do Márcio), onde ninguém conhece ninguém e os problemas de diferentes violências são o dia a dia, junto de mães sozinhas e com graves dificuldades de se organizar em vários planos, com pais ausentes ou demitidos da educação dos filhos, frequentando escolas pouco dotadas de recursos e incapazes de responder ao aumento concreto de situações extremamente difíceis, em que o máximo dos valores é veiculado pela televisão do «talk-show» e se dão nomes de personagens de telenovela aos recém-nascidos, sentir que as referências culturais não passam do consumismo de hipermercado ou da agressividade das relações transmitida pelos desenhos animados violentos e despersonalizados (o Márcio era fã de Son-Goku, possuía TV e vídeo no seu quarto onde via repetidamente programas e filmes desadequados à sua idade emocional) e definida, por último, na máxima «todos temos todos os direitos e nenhum dever» é confuso, desorganizante e ameaçador para o bem-estar psíquico de quem está a crescer.

Pela descrição sumária do caso do Márcio, percebemos a sua enorme fragilidade narcísica, a ausência total de um modelo de identificação masculina e um padrão de ligação/vinculação à sua Mãe muito inseguro. A alternância amor-ódio desta relação seria, aliás, um sinal de uma clivagem psíquica em fragmentos contraditórios, alternantes, sem possibilidade de coexistência, e com uma notória compulsão à repetição como forma de perpetuação de um esquema relacional sado-masoquista. O forte e mau da escola da zona, era afinal, o fraco e carente com uma necessidade ambivalente de procura e distanciamento emocional de uma mãe cheia de fantasmas negativos em relação ao sexo masculino.

Para o Márcio, o facto de ter sido abandonado pelo pai e de ser sistematicamente denegrido pelo Tiago (abusado e projectando no meio-irmão a «culpa» do que realmente vivera), aumentava a sua imaturidade e fragilidade global: sentindo-se com certeza infantilizado e desqualificado pela existência de alguns sintomas (enurese, medo da noite, necessidade de pedir para dormir na cama com a mãe), vivendo num corpo naturalmente ainda muito pouco masculinizado e, de novo, atacado na comparação com o seu irmão adolescente (o Tiago masturbava-se de porta aberta para o Márcio «ver»), crescia a insegurança da sua afirmação heterossexual. Depois, como vimos, o homem mais importante que conhecera era, de facto, homossexual. Os outros, idealizados, demasiados distantes ou inacessivelmente poderosos (*Rambo*, os heróis de DragonBall Z), eram investidos emocionalmente como defesa desta fraqueza ao mesmo tempo que seguramente permitiam a aprovação e temor do grupo de rapazes e o desejado ascendente sobre as raparigas.

Ao Márcio, como a tantos outros que se identificam aos agressores, coube bem cedo a tarefa de começar a humilhar, como ele próprio fora humilhado, agredir como se sentira agredido, abusar pois fora abusado, dominar pelo medo na razão inversa em que estava dominado, numa expulsão contínua para fora — família, escola, sociedade — da sua distorção psíquica.

É claro que, muitas vezes, estes rapazes fabricam imagens compensatórias, num apelo desesperado à ajuda e à contenção da intensidade da sua tristeza e raiva, pois as alternativas são escassas e implicam a aniquilação da identidade e do sentimento de ser e existir.

Exemplo disso foi, quando pouco tempo depois de o conhecer em consulta, o Márcio apareceu vestido com um disfarce de polícia. Estávamos em tempo de férias de Carnaval e o traje era a rigor: capacete, cassetete, algemas, estrela de xerife e apito.

«Quando for grande gostava de ser polícia».

Quem disse que estas crianças não procuram sempre uma ordem, uma segurança, uma justiça que exista e que os proteja?

Também na escola que passou a frequentar foi mais fácil para o Márcio conhecer novas e seguras regras. Julgo também que o espaço de consulta que lhe dediquei para com ele pensar em todas as suas dificuldades emocionais, criou também a ideia de um continente para as projecções incontidas do seu funcionamento psíquico.

A imagem simbólica do menino vestido de polícia ficou igualmente gravada em mim como um marco da diferença entre autoridade e punição. A construção de uma autoridade protectora de e para as crianças limita ou anula a necessidade de punir como forma de alterar comportamentos; e não esqueçamos que a partir da altura que a autoridade é estabelecida e regulada pelo próprio (ser *autor* da *autor*idade...) está conseguida a melhor forma de autocontrole individual e social. Punir é sempre mais rápido, sabemos disso; mas não podemos continuar a ignorar que para muitas crianças como o Márcio isso de nada serve, pois não há ainda um nível de organização psíquica que lhe permita dar um uso construtivo e reparador disso mesmo.

A imagem do polícia transmite igualmente um apelo à esperança, que os comportamentos marginais de uma criança ou adolescente sempre em si encerram. Sendo um desafio à lei implica sempre uma necessidade de lei. Por isso a lei não pode nunca facilitar a repetição traumática daquilo a que as crianças estiveram sujeitas. A uma criança que passou fome não podemos castigar impedindo-a de jantar, ou a outra que tirava dinheiro para entregar aos pais sob pena de não entrar em casa não podemos subtrair a mesada porque se portou mal na escola. Foi isto que não se conseguiu fazer na outra escola que o Márcio frequentava, onde «o processo se tornou irreversível» porque quase todos responderam ao mesmo nível. É isto que muitas vezes ajuda a perpetuar muitos sintomas de crianças e adolescentes, tornando-os reactivos à desadequação dos adultos da família, da escola, da sociedade, que teimam em ignorar a compreensão psicológica de determinados comportamentos, numa lógica de «olho por olho, dente por dente».

Termino a análise deste caso com um sonho que o Márcio me contou, meses após o início do seu seguimento:

«Eu tive um sonho que era assim: estava em casa todo sozinho e toda a gente da outra escola, toda a gente que eu conhecia, todos, começaram a atirar coisas contra a minha casa e a porta foi abaixo e eles entraram e levaram tudo o que eu lá tinha, até a minha cama, os brinquedos, tudo e eu estava todo sozinho e depois não ficou nada. E depois estavam a chamar por mim assim. Ó rapaz!..»

Emyr Humphreys, poeta galês, escreveu em «From Father to Son»:

«Não há limites para o número de vezes
Que um pai pode aparecer na vida [...]
E depois, antes de o poderes tocar
Terá partido, deixando nos teus dedos
Um pouco mais do seu amor».

E AGORA?

Algum aproveitamento político e social deste tipo de situações envolvendo questões como o aumento da criminalidade e delinquência infantil e juvenil, ligando-o exclusivamente a minorias étnicas, ao fenómeno da droga, entre outros, faz correr o risco de se esquecer o essencial da vida psíquica destes rapazes, pautada pelo abuso, rejeição, ausência de sentimento de pertença e de identidade pesssoal e social. De facto, não podemos sucumbir à hipocrisia de arranjar nomes novos e suaves para realidades antigas e duras. Todos temos de (re)pensar aquilo que oferecemos a muitos rapazes como base para eles crescerem. Até porque a infância é uma fase de construção que muda nos seus significados e se molda pelas condições sociofamiliares que se oferecem.

Muitos ficaram zangados e chocados com os dois rapazes de Liverpool, tal como tantos outros com o Márcio, tendendo a pôr exclusivamente neles como crianças a «culpa» do que se passou. Mas é fácil ver como há nisso tudo uma boa dose de injustiça e hipocrisia.

O MEU PAI

O meu pai foi à lua e deixou-me. E assim fiquei no jardim, à noite, olhando para cima, pensando se ele sonharia comigo, com os meus irmãos ou nos veria depois, a dormir.

E então o tempo passou, e a luz incandescente do seu relógio a brilhar no escuro apagou-se. Finalmente, um dia, ele chegou, montado na cauda de um cometa em colisão com a Terra. Ou seria na ponta de uma estrela?

Mas já não era como o tinha imaginado. Era simplesmente um homem, vestido como os outros homens, carregado de destino, cheio de defeitos, vícios, omissões e, enfim — bem visto — muitas coisas boas.

E falou sobre um local que ambos conhecíamos, de tempos que gastámos juntos, de coisas que a memória já não guardava. O sorriso maior, os olhos mais redondos. Era ele. Sim, é verdade, era ele, tinha-o para mim e ele ali estava.

CAPÍTULO 4

NINGUÉM SABE O QUE EU SEI

ESCOLA E SAÚDE MENTAL

SABEDORIA

Em *The Rock*, T. S. Eliot perguntava:
« Onde está a sabedoria que perdemos com o conhecimento?
Onde está o conhecimento que perdemos com a informação?»

Não podemos continuar a desiludir crianças que sobrevivem numa esperança.
As inquietas, engolidas pelos ventos que agitam.
As que continuam paradas em mesas tristes.
Sorrisos alojando uma dor a chover para dentro.
E a sabedoria da inocência perdendo-se aos poucos.
A aprendizagem da vida escurecendo, o Sol escondido ao longe.

A ESCOLA DA VIDA

Poderia alguém pensar ensinar-te tudo quanto está escrito nos livros, as melhores maneiras de calcular tabuada, raiz quadrada, a fórmula resolvente das equações do segundo grau, leituras escolhidas de eleitos ou o valor infinitamente poético de qualquer palavra, as datas certas de todos os episódios da crise de 1383-85, os nomes dos arquitectos da reconstrução de Lisboa, os afluentes do Mondego ou as estações e apeadeiros da linha do Tua…

Poderia alguém pensar ensinar-te tudo com a mais pura das intenções, reforçada em todos os sentidos, sendo mesmo uma boa pessoa, querendo fazer de ti um homem (o *h* usa-se maiúsculo), falando-te de um objectivo, uma profissão, pelo menos o 9.º ano, vá lá, a vida no futuro não está fácil...

Poderia alguém pensar ensinar-te tudo que a tua pergunta seria sempre a mesma: de que serviria isso agora? Por acaso alguém sabe o que eu sei? As velhas dúvidas voltariam marteladamente repetidas sem que desses conta, temendo então o que seria dos teus espantosos nadas, do poço de ignorância onde te colocaram, agora mergulhado na omnisciência dos outros, perdido com tanta conversa que até magoa.

Poderia alguém pensar ensinar-te tudo, que tu não terias vontade de aprender. E mesmo que quisesses, simplesmente não seria possível. Tudo tão estranho como olhar para um relógio de horas mortas, tão inocente que provocava uma dor que fendia o peito, fazendo despenhar-se uma certeza pensada: não nasci para isto.

E contudo, sabias. Tinhas tantos conhecimentos sobre outras coisas da vida, que bastavam só uns braçados deles para dar coragem a todos os que sentem outro limiar de sofrimento. Mas sobre isso, ninguém perguntava. Um silêncio de coração mudo. Quem quereria saber ou aprender contigo? Tu eras o que está depois do virar de página, o que se esquece no dia a dia.

Acreditar em ti, ontem e hoje, era chamar-te, conhecer-te, ter de pensar nas coisas mais simples do Mundo a que afinal ainda ninguém deu resposta, como: para que serve a vida, como se morre, que é um amigo, quando é que se é feliz?

E isso está tudo na escola, é claro que está, mas não vem nos livros, não se pagina em disqueta, não se encontra ao navegar na «net». Não se diz, não se faz. Cumpre-se. Não tem tempo, nem estação. É um clima.

Por isso, contigo, alguém teria primeiro de perceber o que sabes tão bem de cor e não deixa aprenderes o que os outros te querem ensinar. Mas até lá, passam dias tão vazios que... coragem! É mais do que uma mera questão de sorte, mas coragem. Acredita que mais tarde ou mais cedo alguma coisa verdadeira terá de ser feita por ti, mais que apenas manejar as aparências. Não estás no comércio. As convicções não são negociáveis.

E aí, nesse dia, para ti a terra estará coberta de laranjeiras, encontrarás velhos cheios de sabedoria como avós que não perderam um sorriso infantil, como nos primeiros tempos de há milhares de anos, em que ir à escola era passear com o mundo por horizonte.

Até lá, coragem. Uma vela de esperança continuamente acesa. Um beijo. Uma nuvem. Um abraço. Um rio. Um rio longo e tranquilo.

PRÍNCIPES COM ORELHAS DE BURRO

Numa pequena composição (cerca de 10 linhas) dá a tua opinião sobre a escola e o que ela significa para ti.

«A escola para mim é o reino da aprendizagem, onde se pode tirar o curso para ter um bom futuro. Na verdade o futuro está sempre nas nossas mãos. A escola onde eu ando é boa para aprender. Eu gosto dos professores, mas mais da de Português. A minha escola está em alta construção, é toda bem construída.

Às vezes eu porto-me mal... Mas é só às vezes... Algumas professoras devem pensar que eu sou muito mau comportado mas, no fundo do meu coração eu porto-me bem. Não sou aquele diabo que pensavam.»

(Ruben, 11 anos)

W.B.Yeats, escreveu em *The pity of love*:

> «Há uma pena além das palavras
> Escondida no coração do amor».

«Quero ser um escritor.»

Quem fala sobre este desejo é o Tiago, um rapaz de 10 anos que é referenciado à consulta por dificuldades de aprendizagem e problemas de comportamento graves. Frequenta o 2.º ano de escolaridade, embora seja o quinto de permanência. Foi colocado numa mesa, isolado do resto do grupo. Está a um nível rudimentar na leitura, escrita e cálculo. Várias vezes foge da escola. Quando está presente, e devido às suas reacções agressivas imprevisíveis, põe frequentemente as outras crianças em risco. Uma criança com quem brigou teve de receber cuidados médicos num hospital; os pais exigiram a retirada do Tiago da escola, mas a directora não cedeu. Os adultos pareciam incapazes de prever estas viragens de humor e conter os seus comportamentos, sobretudo quando o Tiago se juntava a mais dois rapazes de idades próximas. A polícia foi chamada algumas vezes.

«Quero ser um escritor. Para escrever cartas aos meninos que não sabem ler.»

Vive próximo da escola, numa casa abandonada que os pais tomaram como sítio para habitar. Não há água nem luz. O rendimento mínimo garantido é a fonte de subsistência de uma família com mais quatro irmãos; grande parte é desviado para os consumos de droga do pai, que já esteve preso. Por vezes, o Tiago é visto a mendigar pelas ruas próximas.

«Às vezes, quando estou menino sozinho, vou à escola ou a casa do meu primo Fernando que é mais velho do que eu, e a gente brinca na rua. Gosto da minha professora porque ela é querida.»

Existe um número crescente de crianças e adolescentes que não conseguem aprender e fazem da escola um problema para si e para os outros. As razões são múltiplas, mas é sempre importante conhecer as que se relacionam com bloqueios do desenvolvimento psíquico, pois são fundamentais para a compreensão destas situações.

Hoje em dia, esse número é cada vez maior e terá tendência para aumentar, porque existem cada vez mais crianças e adolescentes vítimas do peso de vários factores adversos, sociais e familiares, que conduzem a um risco evolutivo da organização emocional. A escola será depois um local preferencial de exteriorização desse mal-estar interno. Porque, por outro lado, existe um maior fosso entre o peso destas dificuldades e as respostas práticas que se podem encontrar nas áreas da educação, na saúde, na área social ou mesmo na justiça.

A *Young Minds,* organização inglesa para a promoção da saúde mental de crianças e jovens dirigida por Peter Wilson, apresentou recentemente alguns dados estatísticos interessantes: uma escola secundária com cerca de mil alunos terá aproximadamente cinquenta seriamente deprimidos. Cem estão sob fortes dificuldades emocionais, reactivas ou estruturais. Perturbações do comportamento alimentar como a anorexia ou bulimia afectam cinco a dez raparigas, enquanto dez a vinte alunos têm perturbações obsessivas-compulsivas e outros dez estão em risco de fazer uma tentativa de suicídio. Vinte a cinquenta têm perturbações da conduta importantes, como comportamento anti-social, furtos e mentira, e igual número corre o risco de abandonar a escola no decorrer desse ano.

Em Portugal é provável que os dados sejam semelhantes, embora saibamos que falar de problemas de escola varie muito conforme as diferentes realidades. Mas também há números e, apesar de uma política que turva de mais suave a crueza da realidade pelo prolongamento de falsas situações (é raro chumbar-se no decorrer do ensino primário, embora haja crianças de 12 anos apenas num nível rudimentar de aprendizagens), por exemplo, cerca de oitenta mil abandonam anualmente a escolaridade obrigatória. E quarenta e três mil, segundo um estudo recente, engrossam os números de trabalho infantil qualificável.

Numa escola básica de 2.º e 3.º ciclos (do 5.º ano ao 9.º ano), converso com uma directora de turma a propósito de um rapaz de 11 anos que sigo em consulta pelas suas dificuldades de comportamento. A escola insere-se numa zona de risco, e serve uma população heterogénea que inclui também rapazes e raparigas vindos de um dos mais degradados bairros de Lisboa. Ao falarmos sobre o Zé, ouço descrições dos outros dezoito alunos dessa turma de 5.º ano, de currículos alternativos. De A a Z, a narrativa tinha excertos como este:

«A Ana vive sozinha com os avós... O Bruno tem o pai preso e a mãe abandonou-o... A Carla está em seguimento psicológico pois fez uma tentativa de suicídio recentemente... O Pedro é um problema, já tem 15 anos, desconfiamos que passa droga, não vem cá fazer mais nada...»

Recentemente foi-nos dada a possibilidade de participar num estudo de prevenção em saúde mental infantil, em que se analisaram mais de setenta crianças de 5 anos, que frequentavam o último ano de diferentes Jardins de Infância. A percentagem das que apresentavam diagnósticos de médio e alto risco para uma regular progressão escolar era de quase um terço. Que futuro para estas gerações? Que injustiça constatar que ainda antes de chegarem ao primeiro ano da escolaridade obrigatória os destinos já estejam aparentemente tão carregados de aspectos negativos. Dois exemplos:

Ricardo, de 5 anos, conversa com a Educadora que o observa:

«Podes fazer um desenho da tua família?»

«Sim.»

Algum tempo depois, na folha de papel grande, o desenho de uma garrafa.

«Tinha-te pedido um desenho da família. Sabes o que quer dizer família?»

«Sei. Isto é o meu pai. O teu pai também gosta de vinho?»

Sobre a história do desenho que fez, a Cristina, também de 5 anos, contou o seguinte:

«Era uma vez uma menina da chuva. E a mãe bateu-lhe porque ela molhou-se toda. Era uma menina da chuva e era triste porque molhava-se. E a mãe bateu na menina. Levaram porrada. Ficaram todos marcados. Depois foram para a rua. Ficaram todos tristes. Depois ficaram a ver televisão. Depois o pai chegou lá e bateu nos filhos e eles tiveram medo porque a mãe disse ao pai. Era a história da menina da chuva.»

Reparemos novamente nas palavras de desamparo com que a Cristina constrói a sua experiência de vida: Chuva. Bateu. Molhou-se. Triste. Bateu. Porrada. Marcados. Rua. Tristes. Bateu. Medo.

O Rafael disse assim, também a propósito de um desenho livre:

«Era uma nuvem a cair e a enterrar-se. Isto é um pássaro morto cheio de sangue. O Sol estava zangado. A nuvem estava a cair. A casa dos meninos estava partida. Era o menino gigante que partia a casa porque quer.»

HÁS-DE APRENDER

No nosso trabalho diário as queixas da escola continuam a ser das principais que trazem pais e crianças ou adolescentes às consultas. De qualquer forma, vale a pena destacar duas componentes: dificuldades de aprendizagem e problemas de comportamento. Muito frequentemente encontramos as duas associadas.

As dificuldades de aprendizagem dizem sobretudo respeito à capacidade de adquirir, reter e usar conhecimentos. Estas últimas são as mais importantes. De facto, na maioria dos casos o que está em causa não é uma dificuldade do ponto de vista cognitivo ou de nível de desenvolvimento intelectual, mas sim um bem-estar emocional que crie disponibilidade interna para manter vivo um desejo de conhecer, com a respectiva possibilidade de guardar e saber utilizar de forma adequada e criativa o que se aprendeu.

Existem diferentes níveis de funcionamento psíquico que proporcionam várias formas de aprendizagem. Podemos destacar três: adesiva, projectiva ou introjectiva. Todas elas são comuns e coexistem com um lado positivo, como por exemplo o que se aprende por imitação dos pais ou por desejo de ser como partes deles, ou pela vontade de agradar e sentir-se gostado pelo professor e com isso obter um reforço na boa imagem de si mesmo. A patologia existe quando as duas primeiras, por dificuldades emocionais específicas, são utilizadas de forma quase exclusiva, num sinal de fragilidade narcísica que não promove a autonomia nem reforço do lado mais saudável e espontâneo do «self», e em que a apreensão do mundo é uma experiência de superfície sem raízes que a segurem na profundidade do seu mundo interno.

Na primeira, a criança não faz mais do que recorrer a colagens de superfície, conhecimentos satélites em relação ao seu funcionamento nuclear que, depois, podem não ser utilizados adequadamente. O Manuel era um rapaz de 8 anos que segui em consulta durante algum tempo, e que fazia uso sistemático desta forma de adquirir conhecimentos. O contacto era desadequado ao ponto de ser fácil perceber que o que aprendia na escola não era utilizado para além de uma forma que dava expressão à confusão do seu pensamento. Este é um excerto de um diálogo de uma das primeiras consultas, em que ele me dizia:

«Olá, estás bom? Tenho aqui um livro sobre coisas de cientistas, ensinam tudo sobre a revolução. Eu aprendi a combustão, mas não sei se tu viste ontem o jogo do Sporting, em que o jovem Simão Sabrosa marcou um grande golo. Foi ele, o jovem Simão. Do Sporting. Tu sabes o que quer dizer jovem? Tu também és do Sporting?»

Nem todos os casos são como o Manuel. É até mais comum conhecermos crianças em que o uso maciço da identificação adesiva se faz à custa de um vazio interior que defensivamente coloca na periferia tudo o que diz respeito à actividade de pensar (pois pensar aumentaria aqui a dor psíquica) ou de um interior tão cheio de coisas más e negativas que só permite um espaço periférico para os conhecimentos se ligarem como apêndices ou corpos estranhos. O resultado final é que não existe aplicação possível, de forma autónoma e criativa do que é apreendido: a repetição por condicionamento (amestração) é o melhor que eles podem dar em resposta ao que lhes pedem.

A aprendizagem é predominantemente feita por identificação projectiva patológica a figuras externas significativas ou, posteriormente, às suas respectivas representações internas; ocorre em crianças e adolescentes que ansiosamente procuram em alguém o que internamente não têm, num processo de organização em «falso-self», uma vez que existe uma apropriação inconsciente de qualidades (ou defeitos) projectados no outro. O funcionamento mental será próximo da seguinte descrição: eu serei ou farei aquilo que imagino que tu queres que eu seja ou faça, com desistência de partes autênticas do mesmo «self».

O Paulo era um rapaz que aos 8 anos se organizava exclusivamente destas duas formas. O pouco que realizava na escola era em função, por exemplo, do que os colegas do lado estavam também a fazer. Flutuava entre o desejo de fazer um desenho de uma menina-fada ou um estudo sobre aviões, conforme se sentia mais seduzido pela rapariga que o tinha aceite nas brincadeiras do recreio ou pelo rapaz que era gabado pela professora por ter feito uma pequena composição sobre uma visita ao Museu do Ar.

Nestas crianças e adolescentes é também comum encontrarmos um nível de funcionamento mental que poderemos designar por «incorporativo-evacuativo», de que uma boa imagem pode ser a de «água a correr para um recipiente de fundo aberto». A informação flui literalmente, sem que nada fique retido no interior e na riqueza das ligações psíquicas. Ou então, nada tem profundidade, como se tudo decorresse numa estrutura a duas dimensões.

A terceira forma que descrevemos, a da aprendizagem por identificação introjectiva é aquela que, se usada de forma prioritária a partir de determinada fase do desenvolvimento, melhor traduz as competências de uma criança ou adolescente, pois assenta num seguro sentido interno do «self», com boa capacidade de aprender com a experiência, num sinal de força, autonomia e criatividade que são sempre a matriz da saúde mental.

Existe ainda a ideia de que, muitas vezes, estas crianças e adolescentes não aprendem por falta de capacidades intelectuais. Sabemos bem da prática que não é assim. As suas aptidões para muitas áreas do funcionamento para além das requeridas na escola, bem como a análise detalhada de provas de nível intelectual, demonstram bem o contrário: que vulgarmente existe neles um bom potencial de base cuja expressão fica comprometida pelo peso adverso de factores emocionais.

Até um certo grau, sabemos que a inteligência tem por trás um peso hereditário, património herdado dos progenitores. Tem certamente contornos muito diferentes em cada um, com áreas fortes e pontos fracos, num perfil heterogéneo que é comum: por exemplo, há crianças que têm mais facilidade num raciocínio abstracto verbal, outras na área de organização espaço-temporal. Contudo, é sabido que é o peso da estimulação afectiva e emocional (familiar, social, cultural) bem como o tipo de experiências relacionais que uma criança ou adolescente vive, que determina a possibilidade de desenvolver esse potencial inato. Razão também porque um dos maiores riscos evolutivos de tantas crianças é não só não progredir, como nas imaturidades estruturais, mas perder capacidade comparativamente a outros da mesma faixa etária quando o peso das circunstâncias é adverso, como nos estados deficitários secundários a não estimulação, vivências depressivas prolongadas, patologias limite ou psicóticas em que antes predominava a desorganização do pensamento.

As dificuldades na iniciação da aprendizagem escolar são sobretudo referidas ao domínio da leitura, escrita e cálculo. Podem ser globais, isto é, dizerem respeito a estas três áreas principais, ou apenas a uma delas, como por exemplo nas discalculias. Ainda que de forma resumida, tentaremos analisá-las individualmente.

As dificuldades na leitura e escrita são as mais comuns e as que levantam mais problemas pois a sua aprendizagem é central em todo o currículo e, mais do que isso, central para toda a vida de relação. Une-as o desenvolvimento e domínio da linguagem, área sempre afectada em todas as patologias mais intensas da saúde mental infantil e juvenil.

A linguagem é a principal forma de comunicação entre cada um e o que o rodeia. Ela é sempre dependente da forma como se organizaram as relações emocionais que até esse momento a criança viveu predominantemente, e do padrão de comunicação preferencial que se estabeleceu. Assim, se uma criança foi «falada e ouvida» de forma adequada durante os primeiros anos de vida, certamente desenvolveu a necessidade de se tornar compreendida, e isso é a base para o início da leitura. Ler é aprender a falar por palavras nem sempre da nossa escolha. Procura a tua própria voz, diziam os velhos poetas aos novos.

A escrita surge depois a par da noção temporal de poder registar e, portanto, perpetuar, algo que se deseja comunicar. Emerge da experiência emocional de perda ou falha básica, da ausência de plenitude que qualquer pessoa desenvolve a partir dos primeiros meses de vida, excepto em casos extremos: de um prolongamento omnipotente de fusão com o objecto, sem limite ou diferenciação eu — não-eu (vulgarmente adquirido a partir dos seis meses; a reacção ao estranho, ao oitavo mês, é sinal disso), ou de uma intolerável ausência ou vazio interior, ou presença maioritaria de negativo sem preenchimento prévio suficientemente adequado para manter um equilíbrio narcísico. Esta última forma é a mais comum no grosso das crianças e adolescentes que conhecemos na clínica.

O Mauro era um rapaz de 10 anos que finalizava a sua escolaridade primária. Oscilava bastante entre períodos de fácil aquisição de conhecimentos e outros em que, aparentemente «Bloqueava e esquecia tudo», nas palavras da sua professora. Preocupados com este aspecto, pensámos em conjunto nas formas de poder ajudar esta criança, filho único de um casal com uma separação precoce, e um pai fisicamente ausente, a viver em Cabo Verde com uma nova família. Pela enorme dificuldade em conseguir educar esta criança, a mãe pensava enviar o Mauro para junto dos avós, também eles cabo-verdianos a viverem na sua terra natal.

Contando com a disponibilidade da professora, pareceu-nos então útil a ideia de oferecer ao Mauro um espaço em que pudesse, indirectamente, expressar eventuais dificuldades ligadas a estas questões, que pareciam responsáveis pelo seu bloqueio na escrita. Foi quando reparámos que a decomposição das letras do seu nome poderia dar origem a muitas outras palavras, como por exemplo: Amor, Mar, Rumo, Muro, Rua, Ramo.

Combinámos que a professora organizaria com o Mauro um «Livro do Meu Nome». Esta tarefa seria também proposta ao resto do grupo, bem como um pequeno texto e desenho sobre as novas palavras criadas.

A primeira escolhida foi «rumo» e nela o Mauro falava da sua incerteza sobre o futuro, e do receio que uma eventual ida para Cabo Verde representava. A segunda foi rua, ilustrada por um desenho das actividades que preenchiam esse seu espaço.

Ainda a este propósito costumo também contar a história de uma menina de 8 anos, muito instável e com muitas dificuldades na leitura e escrita, e que não sabia ler a palavra pai que escrevi numa folha de papel. Quando lhe pedi para desenhar o que seria que ela pensava na escola e que não lhe deixava espaço para poder estar mais calma para aprender, desenhou a sua casa. À medida que nos fomos conhecendo melhor, falou-me depois do pai que tinha ido trabalhar para a Alemanha depois do divórcio da mãe, e que não via há bastante tempo. Quando lhe desenhei a bandeira tricolor alemã, disse-me rapidamente:

«Essa palavra eu sei. É A-le-ma-nha.»

Desenho então um avião e escrevo por baixo «avião».

Ela olha-me e diz com olhar vivo:

«Mas essa eu também sei ler. É TAP!»

Também a aprendizagem do cálculo pode ser dramática para algumas destas crianças. Apesar de aqui também existirem vários factores em jogo, é útil lembrar o que este processo significa emocionalmente para uma criança. Os números também representam relações e seus significados e é isso que a criança tem que aprender a manipular, sem que somar, multiplicar, subtrair ou dividir lhe provoquem sofrimento psíquico. Estas duas últimas operações são por exemplo, tradicionalmente mais difíceis para crianças que sofreram perdas, ausências ou abandonos importantes: subtrair ou dividir implica tirar, e crianças que sofreram deplecções emocionais têm mais dificuldades em representá-las sem que isso lhes reactive o significado doloroso de experiências concretas de vida.

Conversa de uma professora com a Soraia, de 10 anos:

«Um menino tinha 52 rebuçados e tirou 5. Com quantos ficou?»

«Dois.»

O seu raciocínio concreto fez que suprimisse o número 5 ao cardinal 52. O resultado só podia ser o que disse.

Perguntaram ao António, esperto nos seus 7 anos de idade:

«Quantos são dois mais dois?»

«Três.»

«Então vamos lá ver de outra maneira. Lá em casa, quantos são vocês? O Pai e a Mãe, dois. Tu e o teu irmão, dois.»

«Ah, já descobri. É quatro.»

«Claro. E agora quanto é um mais um?»

«Então agora queres saber como é em casa dos meus avós, é?»

O António era um rapaz com um padrão de vinculação inseguro em relação à sua mãe, o que lhe provocava nítidas dificuldades emocionais, das quais a instabilidade motora era também sinal importante. Tinha dificuldades de integração social, pois não conseguia respeitar adequadamente regras e limites: havia a respectiva correspondência na sua história de vida, marcada por uma intermitência na prestação de cuidados durante os primeiros anos.

«Lá em minha casa andamos sempre às corridas... Na escola não consigo aprender. Há lá professoras mázinhas que é trabalho, castigo, trabalho, castigo. As boazinhas é recreio, brincar. Queres que te diga três palavras que eu já sei? Eu, Ai, Ei. Já disse.»

Nessa fase, o António não tinha adquirido a leitura nem a escrita, apesar de completado um ano de escolaridade.

FALTA DE COMPORTAMENTO

O outro grande grupo de queixas referidas a partir da escola diz respeito aos problemas de comportamento, sobretudo os que se manifestam por instabilidade, agressividade dirigida contra os outros (crianças e adultos) ou contra o próprio, ou ainda destrutividade, que é expressão frequente de movimentos de ódio e raiva. Também com bastante frequência encontramos crianças e adolescentes que praticam furtos ou roubos, que usam a mentira de forma compulsiva no seu discurso verbal, que comparecem à escola sob o efeito do álcool ou de consumos de drogas, e aqueles que tiranizam os colegas, quer isoladamente ou actuando em grupo, naquilo que a literatura anglo-saxónica designa por «bullying». Este último ponto é hoje em dia muitíssimo importante nas escolas, embora seja mais poderoso nas preparatórias e secundárias que nas de primeiro ciclo, e dita padrões de relação entre os grupos de pares que podem ter efeitos muito graves nas crianças e adolescentes.

De qualquer forma, este tipo de queixas é frequente. Julgo mesmo que grande parte dos professores de hoje passa muito do tempo lectivo a tentar conter comportamentos disruptivos, mais do que a ensinar o seu grupo de alunos.

O Hugo era um rapaz de 13 anos quando o conheci. Dizia-se que tinha 13 anos, pois persistiam dúvidas quanto ao seu registo. Baseado no seu mau desenvolvimento ponderal e na história omissa dos seus primeiros anos de vida, havia quem dissesse que o rapaz tinha 10 ou 11 anos. Frequentava a escola primária, no 4.º ano de escolaridade, embora mantivesse inúmeras dificuldades de aprendizagem.

O Hugo vinha de um bairro muito pobre, onde vivia numa família que, de facto, não era a sua. Desconhecia-se quem era o pai. A mãe abandonara-o numa ama «selvagem» com um ano de idade. Nunca mais voltou para o ir buscar. A ama, a quem entretanto o Hugo chamava mãe, os seus outros filhos e, sobretudo os vários companheiros da ama, negligenciavam-no e maltratavam-no frequentemente. Por exemplo, os irmãos levavam lanche para a escola; o Hugo não. Os irmãos tinham material novo e os livros pedidos; o Hugo não. Os irmãos, por vezes, traziam roupas novas; o Hugo nunca. Contavam-se alguns episódios de maus tratos físicos à criança, documentados em urgências hospitalares. Pendia já um processo em Tribunal de Menores para a criança ser retirada a esta família.

Na escola, o Hugo caracterizava-se pelos seus comportamentos extremamente violentos, e agressões frequentes a meninos e adultos. Tirava objectos aos colegas, batia-lhes com gravidade. Pontapeava a professora e fazia da sua filha, que também frequentava a escola, um dos alvos preferenciais para descarregar a sua agressividade. Em situações extremas, chegou a usar garfos e uma faca de cozinha para ameaçar os outros. No atelier de tempos livres em que ocupava as tardes após o período escolar, teve o pedido de reingresso vetado, pois foram evocadas questões de segurança das outras crianças.

Quando o conhecemos numa primeira consulta, na Casa da Praia, o Hugo era um rapaz muito pequeno para a idade, com um aspecto físico débil e muito mal cuidado. O seu contacto era inibido e particularmente tenso. Não referia espontaneamente nada sobre os factos descritos. O seu discurso limitava-se a monossílabos como «sim» ou «não», ou então remetia-se ao silêncio. Mais tarde, fazia uso do desenho como expressão preferencial de comunicação: eram desenhos de traço imaturo, com conteúdos pouco adequados, e que denotavam a sua enorme fragilidade psíquica, como casas rodeadas de florinhas e borboletas.

Nessa fase do seu desenvolvimento, o Hugo era uma criança emocionalmente «congelada», suspensa, em estado de coma psíquico, levada a agir sob forte coacção, omitindo e denegando defensivamente qualquer dificuldade existente.

«Não tenho feridas nenhumas. Na minha escola disseram que a minha mãe me bateu. É mentira. Eu é que choquei com o parafuso do sofá.»

«Tu aqui não tens de falar de coisas que não queiras, mas olha que também não me parece fácil para um rapaz como tu aguentar sozinho tanta coisa difícil.»

«Eu não estou sozinho. Toda a rua é minha amiga.»

Mais adiante, no decurso do seguimento que fizemos, o Hugo revelava claramente uma enorme avidez de nível oral-incorporativo, muito típico das crianças com falhas narcísicas precoces.

«Posso levar isto comigo? Posso cá almoçar? Tens muitas coisas para me dar?»

Pedidos como este revelavam sobretudo o seu vazio interior e a necessidade de se preencher sofregamente. De facto, o Hugo, tal como um bebé, precisava de «comida» que o alimentasse internamente. E foi esse trabalho que fizemos durante bastante tempo, literalmente aguentando as suas projecções altamente agressivas e destrutivas, em que a zanga, a raiva e o ódio apareciam como sinal bem evidente da distorção relacional a que estava sujeito.

Eram também intensas as suas angústias de abandono, perda e desprotecção, embora de início fossem menos claras, e alternassem com expressões da sua organização num «falso-self» adaptativo, expressão pontual da única forma de sobreviver como pessoa. Além da privação emocional de que era vítima, erguera uma barreira intransponível num mecanismo que se descreve como de «dupla privação». Por isso, tratar estes casos torna-se tão difícil como propor a alguém arrancar a crosta de uma ferida infectada para se proceder a uma limpeza médica que permita a cura.

«Na semana passada não vim cá. Onde é que você esteve?»

«Eu estive cá. Falámos sobre isso. Tu não pudeste vir porque havia um passeio da tua escola nesse dia, e não foi possível combinarmos outra altura para nos encontrarmos.»

«Você não esteve cá não. Está a dizer que esteve, mas se calhar é mentira... Falou com outros meninos?»

«Tu sabes que mesmo quando não nos encontramos aqui podemos pensar nas nossas coisas. Eu guardo-te no meu pensamento. E também sabes que as ausências não são iguais a perdas ou separações.»

«Também não me importo. Também não quero cá vir.»

Crianças ou adolescentes como o Hugo põem também os outros em risco, pois passam da posição de vítimas a vitimizadores. É claro que nem todos os casos são assim tão extremos. Mas sabemos bem que as escolas lutam contra um número crescente de situações em que muitos rapazes e raparigas são alvo de constantes intimidações, ameaças e abuso físico, roubo, abuso verbal repetido e humilhante, descriminação racial, étnica, religiosa ou sexual. Nesses casos, a sua vida diária, bem como a integridade psíquica e física pode não ser nada fácil. A isto acresce uma posição dos adultos vulgarmente demitida, ao não valorizarem o papel mediador que podem ter, quer directamente prevenindo e actuando quando se detectam estes casos, quer indirectamente pela promoção da qualidade das relações entre os grupos de alunos.

Estes episódios acontecem com aqueles que, por algum motivo, são sempre os mais frágeis e indefesos. Porque simplesmente os que os tiranizam, ao contrário do lado «forte» que exteriorizam, são igualmente frágeis e projectam nos outros o lado imaturo, desprotegido e sofrido que assim tentam expurgar e dominar, através de um mecanismo de projecção identificativa. Vimos como isso era tão nítido no caso do Hugo. O «mau da fita» era afinal um pequenote, fisicamente franzino, menino perdido sem pai nem mãe, que à noite dormia povoado de pesadelos, agarrado às grades da cama, molhando o lençol com uma incontrolável enurese.

O risco é também essas crianças e adolescentes potenciarem o mesmo género de comportamento por imitação em outros igualmente frágeis e que a estes se juntam, numa busca de reforço de identidade individual e social.

O João tinha 14 anos quando chegou à consulta por causa de uma perturbação da ansiedade, com ataques de pânico. Foi no decorrer de uma férias de Páscoa, após ter tido uma enorme quebra no rendimento escolar. Os pais tinham sido chamados à escola para serem informados do absentismo do filho, facto que desconheciam.

O João era um adolescente simpático, com contacto fácil e agradável.

«Não consigo ir à escola. Ou melhor, a esta escola.»

Ao longo de várias consultas, tentámos perceber o que teria acontecido para que se desse esta súbita mudança na vida de um rapaz com um trajecto escolar regular, sem qualquer sobressalto aparente. Os pais acrescentavam:

«Para nós, a mudança foi quase do dia para a noite. Passou a dormir mal, comia pouco, qualquer coisa que lhe disséssemos, irritava-se logo.»

O João era o único filho deste casal. A mãe era uma pessoa emocionalmente frágil, e o pai, de carácter mais duro, bastante ausente da educação do filho. Era um rapaz com uma vida de relação restrita; dava-se sobretudo com um primo de 11 anos. Contudo, não tinha um contacto social inibido; por fora, seria um adolescente como quase todos os outros, vestido à moda, interessado por desporto e alguma música. Era fácil empatizar com o João.

«Parece-me que ainda há muitas coisas que te deixam assustado quando estás na escola. Pelas nossas conversas tenho percebido várias vezes que há qualquer coisa que transportas dentro de ti como um segredo mau que te persegue.»

«O que eu tenho para lhe dizer... Arranjei agora coragem, mas... Se calhar, é mesmo melhor não dizer.»

«João, é claro que há sempre coisas que guardamos mais para nós, mas não me parece nada bom guardarmos outras que não conseguimos ultrapassar sozinhos.»

«É que aqueles de quem eu lhe tenho falado, aqueles da minha turma, o Bruno e o Selvagem, obrigaram-me a fazer coisas. Coisas que eu não gostei, mas eles ameaçavam-me. Ainda hoje me ameaçam e eu já vi o Selvagem com uma navalha *butterfly.*»

O que percebemos ao fim de algumas consultas foi que o João estava a ser utilizado por dois rapazes mais velhos para fazer pequenos furtos no bar da escola, a outros colegas, e em pequenas lojas dos arredores, no trajecto até sua casa. Coisas de pequena monta como chocolates, pilhas, algum material escolar, uma lanterna. Mas tudo demais para um rapaz com uma enorme culpabilidade, aumentada pela sua própria estrutura de censura (super-eu) muito exigente.

«Tinha medo de ser preso. Medo deles. De os meus pais descobrirem. Era uma vergonha se o meu pai soubesse.»

A Mariana era uma rapariga de 15 anos, portadora de uma malformação congénita que implicava um certo grau de «handicap» físico. Sabemos que nem sempre a Mariana era uma rapariga de contacto fácil. A sua estrutura de personalidade incluía traços muito obsessivos e controladores nem sempre bem tolerados por todos. Mas, durante dois anos consecutivos foi sistematicamente vítima de troça, humilhação e discriminação verbal por parte de um grupo de quatro rapazes da turma. O seu dia a dia incluía episódios em que, por exemplo, chegava a casa com os cadernos riscados com as palavras «monga» e «def» (expressões utilizadas pelos colegas como abreviaturas das palavras mongolóide e deficiente). O sentimento de exclusão aumentou claramente uma fragilidade depressiva. Nenhum adulto responsável fez nada para a ajudar, ou para intervir sobre o grupo de rapazes que, dadas as suas características emocionais, eram com certeza adolescentes necessitando suporte psicológico. Isto apesar de alguns contactos feitos com a escola nesse sentido.

«Há coisas que não se podem controlar. Ela também não pode estar sempre a fazer queixinhas», disseram alguns professores.

Foi com resignação que, em conversa com os pais, decidimos posteriormente transferir a Mariana de escola.

Poderia ainda falar da Susana, uma rapariga inibida, filha única de pais idosos, portadora de uma perturbação visual degenerativa, constantemente apelidada de vesga. Ou do Miguel, 12 anos esquecidos pelo pai, que por ter recusado ver um vídeo pornográfico em casa dos colegas, começou a ser chamado de «maricas» e deixado de parte pelo grupo de rapazes. Olhar vivo mas triste, calças de bolsos por fora, camisa de xadrez, dizia:

«O meu melhor amigo passou-me um bilhete na aula de história a dizer: *Não posso ser visto a falar contigo.* E a mim a apetecer-me escrever por baixo: *Quem me dera morrer.*»

A sua mãe perguntava-me:

«Já entendeu o que se passou com ele? Só me diz que ninguém o aceita. Como é isso possível? Quando se levanta para ir à escola, vomita, chora que não consegue.»

«Pensei que devia haver qualquer coisa que não tinha percebido», acrescentou-me tempos depois, já mais seguro.

Sabemos bem que nem todas as crianças e adolescentes gostam uns dos outros. Também sabemos bem que nem sempre a vida é justa, até a atribuir diferentes predicados. Contudo, nada disso faz que uma criança tenha obrigatoriamente de ser segregada, perseguida, esquecida, menosprezada, humilhada de forma constante e repetida ao longo da sua vida escolar. Cabe a todos os adultos (pais e professores), equilibrar naturais desigualdades que contribuam repetidamente para um sofrimento interior.

APRENDER A VIVER

Como dissemos, o contributo da visão psicodinâmica da psiquiatria da infância e adolescência para a compreensão das dificuldades escolares não é único nem exclusivo. Mas pode ser extremamente útil, pois ajuda a perceber o que se passa no seu mundo interior. É um meio de entender o que será que afinal eles aprenderam tão bem que não os deixa aprender o que lhes querem ensinar. E apesar disso ser por vezes uma tarefa difícil e eventualmente dolorosa, é também a que abre mais portas para a profundidade e complexidade da dimensão humana.

A questão não é fácil, e existem alguns pontos prévios que convém não esquecer. Eles constituem o básico de uma proposta de discussão para o entendimento de perturbações emocionais que podem condicionar dificuldades escolares, e é isso que vamos agora ver.

A maioria das situações graves expressa um mal estar psíquico que não teve origem apenas no momento em que se tornou observável; começou seguramente num qualquer ponto anterior da evolução infantil, tomou corpo e deu sinais exteriores provavelmente na altura em que vários mecanismos de defesa não foram suficientes para o conter internamente. A conclusão mais rápida que este pressuposto permite, é a de assim ser possível reforçar a ideia de estarmos atentos e aptos a reconhecer sinais precoces de sofrimento psicológico, antes que eles resultem numa espectacularidade de queixas com repercussões no meio (no caso, a escola).

Uma das vias mais comuns para uma criança ou adolescente expressar dificuldades afectivas é através das alterações do comportamento, pela inibição ou retirada, ou pelo lado agido e não mentalizado, sendo que este último é sempre mais comum. A partir da adolescência, muitos desses comportamentos são expressos através do corpo, e sobretudo, do corpo sexuado, de forma directa ou em fantasia.

O Duarte tinha 14 anos quando começou a dar problemas de comportamento na escola. A mãe dizia-me que estava bastante preocupada.

«Acho que ele entrou na adolescência. Neste Verão cresceu imenso e acho que não está a aceitar isso facilmente. Diz-me que preferia adormecer e acordar só quando tivesse 18 anos. Que crescer é muito difícil.»

De facto, a situação do Duarte não era fácil. Único elemento do sexo masculino numa família quase exclusivamente composta por mulheres e com um pai com quem raramente contactava, manifestava a sua fragilidade narcísica (fálica) através de comportamentos agressivos dirigidos às professoras (mulheres) da sua escola.

«Assim sou forte como os outros.»

Era este rapaz que também na escola tinha já realizado actos preocupantes como ingerir cola ou guache repetidamente, e fazia auto-agressões no corpo com o bico de uma tesoura.

É importante que estes comportamentos devam acima de tudo ser compreendidos, e não apenas ignorados ou denegados, ou simplesmente contidos através de medidas mais ou menos punitivas. Independentemente do que se fizer, no mundo psíquico, tal como no mundo da doença física, é mais fácil actuar para tratar quando se ataca a origem dos problemas. Mesmo que o trajecto seja mais longo ou menos linear, é mais eficaz dar um antibiótico se uma criança tem uma pneumonia do que andar a prescrever aspirinas que só aliviam o sintoma da febre.

A capacidade de aprendizagem é uma das primeiras áreas a ficar afectada no funcionamento de uma criança ou adolescente, sempre que há uma perturbação emocional, quer ela seja transitória, como nas alterações reactivas a circunstâncias exteriores sentidas como adversas (por exemplo, nascimento de irmão, morte de familiar próximo), ou mais permanente quando as dificuldades já são mais estruturais.

As estruturas de funcionamento depressivas continuam a ser as mais vulgares perturbações emocionais que condicionam estas dificuldades. O que nelas predomina é, entre outras características, uma frágil imagem de si próprio («Não sou nada bom... Sou burro»), insegurança («Acho que não sei fazer...»), baixa confiança, pouca perseverança, tolerância mínima à frustração com tendência para a fuga e agitação psicomotora, antecipação negativa de capacidades com bloqueio para a iniciação de tarefas. Adiante daremos mais detalhes úteis para a caracterização deste tipo de estrutura psíquica.

A maioria dessas estruturas tem um significado na vida emocional inconsciente. Ou seja, é preciso compreender a ligação entre o que eles pensam e sentem, e o que simbolicamente expressam. Aquilo que expressam pode ocorrer de diferentes maneiras, conforme o grau de maturidade emocional, e directamente por conteúdos manifestos ou indirectamente através de formas latentes. Para isso, é necessário valorizar toda a comunicação, verbal e não verbal, e lembrar que a adequação das respostas do meio envolvente é fundamental para se obterem avanços.

Como uma frase que ouvi de um rapaz com bastantes dificuldades na escola, expressão de uma desadequação das respostas do meio às suas necessidades afectivas:

«Sou como uma rã de um filme que eu vi. Era a história de uma rã verde que tinha ido parar a um mundo vermelho e então não sabia lá muito bem o que fazer.»

Da mesma forma, dar um pontapé na porta da sala da aula, não é propriamente mostrar uma zanga contra a porta, mas sim provavelmente contra alguém ou algo que lhe provocou esse sentimento.

James tinha 9 anos, quando o conheci na Mulberry Bush School, uma escola situada perto de Oxford que oferece regime residencial e educacional para crianças com dificuldades escolares originadas nas suas graves privações emocionais. Era, então, um rapaz muito inseguro e desvalorizado, que fazia uso repetidas vezes de comportamentos apelativos. No decorrer de uma actividade em que se desenvolvia o cálculo através da medição prática de litros, metades e quartos pela utilização de diferentes recipientes, foi convidado a experimentar, se quisesse. Rapidamente se escondeu debaixo da mesa, numa viragem súbita do seu comportamento que parecia adequado até aí, altura em que teve de se confrontar directamente consigo mesmo e com outros que tinham realizado anteriormente a mesma tarefa.

«James, eu acho que tu és capaz. Não tenhas medo de não conseguir.»

Estas palavras foram, nesse momento, as suficientes para que saísse debaixo da mesa e tentasse a sua vez, coisa que conseguiu compreender e fazer sem falhar.

«Consegui, consegui!», acrescentava depois com enorme sorriso de agrado.

No almoço desse dia mostrava o seu feito aos outros colegas, enchendo copos de água e tentando calcular quantos caberiam na bilha que utilizava.

Pouco depois, estou sentado noutra sala, numa mesa com mais duas meninas e um menino de idades entre os 8 e 10 anos. Procuramos num mapa-múndi referências geográficas que digam respeito ao tema proposto pela professora: países da comunidade britânica.

Michael, um rapaz vestido com o equipamento da equipa de futebol do Celtic, interessa-se também por saber de onde eu venho.

«Onde fica Portugal?»

Explico-lhe, utilizando o globo, e digo-lhe que é outro país, longe do seu, Inglaterra.

«Não sou inglês. Nasci na Escócia.»

E mostra-me onde fica, no mapa que está a pintar. Fica então com ar triste, encolhe-se sobre si próprio, pára, afastando para longe o seu trabalho e diz:

«Não quero pintar mais. Estou farto desta porcaria.»

O que se teria passado interiormente para provocar esta súbita quebra, aparentemente sem explicação? Como eu próprio não sabia, faço-lhe então um desenho com uma cara de um rapaz, e por cima uma «nuvem» como quem desenha um espaço para pensamentos, preenchida com um ponto de interrogação. Ponho-o com ar preocupado. Michael olha para mim, sorri e diz:

«OK. Então, esquece.»

E retoma a actividade com o mesmo empenhamento anterior. Só depois, em conversa com o director da escola, é que percebi melhor o que se teria passado com Michael, naquele momento em que «Escócia» mudou aparentemente o seu estado afectivo. De facto, Michael nasceu lá, tal como o seu pai que se encontra detido numa prisão da terra natal de ambos. O pai foi considerado culpado da morte de um enteado, filho de uma primeira ligação da mãe de Michael, por maus tratos físicos.

É comum estes estados emocionais de crianças e adolescentes perturbados terem um impacto muito forte na vida mental dos adultos que os conhecem, o que inclui também os professores, desencadeando sentimentos próximos dos que eles próprios sentem, como frustração, zanga, raiva, desprezo, impotência, agressividade. Para enfrentar este desafio é necessário ter consciência do que se passa no interior de si e do outro, através de um trabalho de equipa com apoio e supervisão. Aos profissionais desta área, deve exigir-se também boa qualidade humana e conhecimentos técnicos.

É que, por vezes, para crianças e adultos, ir à escola torna-se próximo de um possível anúncio para um parque temático de «pura adrenalina»:

Junte-se a nós numa aventura da mais pura loucura.
Mergulhe sem tempo na confusão.
Conheça o desfiladeiro do caos.
Passe o cabo das tormentas.
Siga pelo desconhecido até se sentir perdido.
Sofra na pele o impacto de uma câmara de horrores.
Se conseguir, descubra finalmente o túnel da luz.
Se lhe apetecer sair a meio siga as setas a verde.
Se sofre de coração, é facilmente impressionável, tem problemas de digestão ou outros, muito cuidado!
Se quiser apresentar antecipadamente um atestado de baixa, é este o momento.

Ironia à parte, este é dos pontos mais importantes a não esquecer, pois é dos maiores responsáveis pela perpetuação de situações confusas e dolorosas para todos.

A propósito disto, costumo contar o caso de uma professora que se mostrava muito zangada a propósito de um rapaz que a insultava, chamando-a de «filha da puta».

«Ora, eu até já lhe expliquei várias vezes e com calma, que não exerço esse tipo de actividade.»

«Professora, julgo que sobre isso todos nós, incluindo o seu aluno, nunca tivemos a menor dúvida.»

O que posteriormente se descobriu é que, de facto, a mãe desse rapaz era prostituta, e isso perturbava-o definitivamente. Estes movimentos identificatórios e transferenciais estão sempre presentes na relação entre professores e alunos, e podem ser negativos, como no exemplo que vos dei, ou positivos, como no caso da Ana, uma menina de 6 anos que conhecemos na Casa da Praia, através de um pedido da escola onde vinha uma descrição notável:

«A Ana só trabalha bem quando a professora está por perto. Várias vezes se engana chamando-a de mãe, e fica muito satisfeita quando esta lhe responde filhota.»

É claro que, se existem alunos nada fáceis, também há professores que são muito complicados como pessoas. E aí faz todo o sentido perguntar genericamente a quem se envolve nesta profissão:

«Quem gosta de trabalhar com crianças e adolescentes?»

«Quem gosta realmente de ensinar?»

Dentro destes pontos que temos estado a referir, é preciso acrescentar que, nos casos em que existem importantes dificuldades emocionais, falha aquilo que normalmente funciona numa escola: um contacto adequado entre professor e criança, um currículo interessante e moldado (na medida do possível) às realidades individuais e do grupo, uma resposta afectuosa de estímulo positivo quanto aos resultados obtidos. Aí, convém ficar claro que, na maioria desses casos, as organizações emocionais patológicas de crianças e adolescentes precisam de intervenção especializada que, gradativamente, pode implicar medidas psicopedagógicas na própria escola ou fora desta.

Numa pequena, mas cada vez mais importante, percentagem de situações, não existe mesmo indicação para algumas crianças e adolescentes frequentarem as escolas tal como elas se encontram actualmente organizadas. Mesmo que estas fossem dotadas de mais recursos, seriam sempre alunos que estariam fora de controle, uma vez que os seus problemas não dizem apenas respeito à aprendizagem. Trata-se de dificuldades demasiado fortes, fruto de situações multiproblema. São os casos de perturbações emocionais extremas que necessitam de unidades terapêuticas, em que a organização das aprendizagens será secundária à organização das vivências psíquicas.

Por último, é sempre possível crer fortemente no lado saudável e no potencial evolutivo de uma criança ou adolescente, e numa reversibilidade possível mesmo quando estes sofreram importantes dificuldades emocionais nas suas experiências anteriores de vida. Este pressuposto é tanto mais verdadeiro quanto menor idade tiverem as crianças e menos tempo tiver decorrido entre o início das suas dificuldades e as respostas que se puderam organizar, ou quanto mais resistentes e competentes elas forem na sua estrutura psíquica.

As evoluções podem não ser globais ou não implicarem uma recuperação total, especialmente se for feita uma comparação à média desse nível etário. Contudo, elas são vulgarmente sentidas pela criança, e pelos adultos que com elas lidam, como extremamente importantes em relação ao estado inicial das dificuldades.

PALAVRAS À ESCUTA

Por que tocas em palavras como se elas estivessem vivas, como se fossem realmente ideias desamparadas, dores, ais, alegrias, um sorriso escancarado, mesmo quando se compõem de outras letras que não essas?

Por que pões números tão próximos como amantes num tango, fazendo contas que não mudam as voltas à Terra, nem a chuva se importa, decompondo o espaço em infinitas quantidades?

Por que acreditas tanto em crianças de caras circulares enfrentando um mundo provavelmente em sobressalto, entre flores silvestres e despedidas, auroras e cinzas?

Talvez porque tu és os poemas que não se conseguem escrever, a música de incontáveis notas, o silêncio de uma paz cromática, a folha de papel que espera como um corpo que a envolvam.

Coração, como conseguiremos juntos pensar ainda mais maravilhas?

MEIO FÍSICO E SOCIAL

As falhas no funcionamento deste tipo de crianças e adolescentes estão habitualmente associadas a dificuldades sociais e familiares, que constituem as verdadeiras raízes dos problemas. Vamos ver algumas, bem como a forma de como por vezes elas se repetem na própria escola.

Em muitos dos casos que conhecemos, são comuns as dificuldades sociais, marcadas por padrões extremos. Não é indiferente nascer num bairro degradado, onde existem situações de pobreza crónica extrema, viver em condições habitacionais abaixo do limiar do imaginável, ter de aceitar realojamentos camarários feitos sem respeito por condições humanas básicas, assistir a desemprego contínuo ou emprego muito precário dos membros da família, ou ser oriundo de famílias que têm de retirar os filhos da escola para os utilizar como fonte de rendimento no mundo do trabalho infantil.

De visita a uma escola primária nos arredores de Lisboa, apercebo-me claramente do impacto que um projecto de realojamento de mais de quatrocentas famílias teve numa escola até aí tranquila na organização do seu dia a dia. Vindos de vários pontos muito díspares do concelho de Sintra, famílias inteiras acumulam-se em torres de cimento que têm um aspecto exterior condizente com uma das frases que lá leio:

«*No Future.*»

Na Casa da Praia recebemos para apoio um rapaz de 7 anos, de etnia cigana, que vive com os pais e mais quatro irmãos em duas carrinhas abandonadas, onde as necessidades básicas estão longe de ser supridas. Também a pedido do Ricardo, a primeira tarefa que realizava nas manhãs em que vinha ter connosco, era tomar banho e trocar de roupa.

Numa pequena vila do Minho, conheço alguns adolescentes da escola básica 2+3. Numa inesquecível visita marcada pelo afecto sincero de um grupo de professores, noto a pouca expectativa em relação ao futuro que a escola e os seus nove anos obrigatórios pode trazer.

A Conceição, rapariga de 14 anos, frequentava o 6.º ano de escolaridade:

«Para o ano já não venho mais. Vou ajudar os meus pais no campo.»

«Antes quero ir para Espanha trabalhar. O meu irmão já está lá», dizia-me o Carlos, nos seus 13 anos franzinos.

Mas há o outro extremo. O das gaiolas douradas, símbolos de uma época em que muitos valorizam tudo o que é mais exterior do que interior, em que o ter se sobrepõe ao ser, e em que mais do que emoções e afectos interessam as sensações e o sucesso de aparência.

«Aqui pra nós, estou-me a lixar prà Escola. Se algum dia tiver problemas, os meus pais têm dinheiro, percebe? É a vida. Já sabe do meu carro novo? O pai comprou um Mercedes último modelo. Dá um aspecto que não imagina. Então quando entro lá na escola...»

Era assim o Simão, nos seus 12 anos, e um cartão permanentemente recarregado para gastar no «Play Center» do centro comercial «Colombo». Um pouco como o Martim, 15 anos, muito esquecidos na sua solidão, com bastantes dificuldades em aprender, e o seguinte comentário dos pais:

«Damos-lhe tudo, incluindo este colégio que é dos mais caros. Teve agora um telemóvel novo. Não aprende, não sabemos o que é. Como é que pode ter sucesso como nós? Como temos muito pouco tempo para ele e para o ajudar, está agora em explicações. Tem o tempo da semana todo preenchido.»

Há ainda muito a fazer para não esquecer os contratempos que vivências sociais extremas podem trazer na regular aprendizagem escolar, por vezes repetidas nas próprias escolas, quando estas funcionam em edifícios altamente degradados, com salas onde chove e em que o número de alunos excede o que o espaço comporta, sem área livre para recreio, nem casas de banho dignas desse nome.

Ao inverso, as outras, perfeitas na sua aparência exterior e na pluralidade de actividades que oferecem, não hesitam em propor «reorientações pedagógicas» aos alunos que saem da norma, impedindo-os de revalidar a matrícula sem que um mínimo esforço conjunto entre pais, professores e aluno seja tentado.

«Sabe, acima de tudo, este colégio é uma empresa.»

Foi depois de ouvir estas palavras que me despedi de um director de uma escola onde me deslocara para ajudar na resolução de uma situação difícil de um aluno que fora expulso.

Hoje, o Bernardo tem 17 anos e recorda ainda com pena essa mudança de escola:

«Ninguém aceita falhados, pois não?»

As perturbações da vinculação pais-criança nos primeiros anos de vida estão vulgarmente presentes nos casos mais graves. Muitas vezes o que encontramos são padrões extremos de relação ou comunicação: demasiado abandónicos ou demasiado intrusivos. No primeiro grupo incluímos as situações de vida marcadas pelas separações, perdas, ausências, descontinuidade, intermitência na prestação de cuidados. No segundo grupo, as caracterizadas pelos maus tratos e abusos emocionais, físicos ou sexuais. Em ambos, as experiências relacionais são pobres ou distorcidas e, por isso, sentidas como pouco gratificantes. Acresce ainda o facto de, muitas vezes, a falta de regras e limites dar origem a um funcionamento omnipotente que potencia comportamentos de oposição e provocação.

A ausência de responsabilidade parental colide sempre com os mais altos interesses das crianças. Quando se pede à escola que cubra falhas que não lhe podem ou devem dizer respeito, estão abertas brechas que marcam a perversidade do próprio sistema educativo.

Teresa, 9 anos, actualmente a viver numa instituição, após um abandono parental:

«Era uma vez uma menina que não sabia dos pais. Ela cresceu com uma vizinha. Um dia a menina foi à procura dos pais, mas não sabia como é que devia fazer. Então começou a chorar. Apareceu uma senhora que lhe perguntou:

— Porque é que estás a chorar?

— Eu não sei dos meus pais, gostava de os conhecer.

— Não fiques triste. Vai para casa da vizinha porque ela deve estar preocupada. Ela gosta muito de ti, como se fosse a tua mãe.

E a menina foi para casa.

Fim.»

No nosso trabalho, apercebêmo-nos igualmente do facto de algumas escolas propiciarem condições para a repetição simbólica destas situações ou do que elas implicam. São aquelas que se organizam em espaços de fronteiras mal definidas, sem limites interior-exterior, sem vedações ou porteiro para controlar entradas e saídas, ou em que o papel de autoridade se encontra esbatido. Ou as que não tendo salas suficientes obrigam os alunos a permanentes mudanças, numa espécie de puzzle ou jogo de «descobre e completa». São também aqueles que assistem à constante chegada e saída de professores, mais comum onde as condições são desfavoráveis, como por exemplo nas escolas que servem populações consideradas de risco. Ou os adolescentes que vêem acontecer mudanças curriculares ou nas formas de avaliação de acesso ao ensino superior, vivendo a incerteza como a única certeza possível ou a imprevisibilidade como o único dado previsível das suas vidas.

Dois diálogos que presenciei em escolas secundárias:

«Então a *stôra* não me *curte*?

«Não.»

«Então porquê, *stôra*?»

«Porque só sou paga para te ensinar. Não tenho que te *curtir*.»

«Então eu também não. *Tchauzinho*!»

E outro, durante uma conversa com duas turmas de 7.º ano de escolaridade, em que dois rapazes me perguntam:

«Qual é a média para entrar em Medicina?»

«Mas porque é que te preocupas já com isso?»

«É para saber se já posso desistir.»

Também não podemos esquecer o peso adverso das perturbações psicológicas de um dos pais, de ambos, ou da sua dinâmica relacional. São cada vez mais comuns os problemas de famílias dizimadas por problemas relacionados com o consumo e tráfico de droga. Mais até do que aqueles que o álcool acarretou há anos. Ou de pais com perturbações narcísicas, que apenas fazem dos filhos um prolongamento das suas próprias necessidades. Ou adultos que vivem patologias depressivas graves e arrastadas no tempo. Ou ainda o número crescente de separações precoces de casais, com disputas sérias e feias sobre a custódia dos filhos, projectando para estes questões que apenas deviam dizer respeito ao mundo dos adultos, dificultando o livre acesso das crianças a ambos os pais, de uma forma neutra e aconflitual.

Nesses casos, os filhos não crescem numa tranquilidade envolvente, nem são pensados conforme os seus direitos e necessidades de crianças. Nos casos mais graves, funcionam mesmo como objectos utilizáveis à mercê de produções mentais patológicas dos adultos.

Robert era um menino de 11 anos da Mulberry Bush School, que durante uma das minhas estadas protagonizou um episódio inesquecível. Vindo de uma família desagregada, e em vias de uma adopção plena, interrompeu uma das actividades de estudo sobre história e família real inglesa, para correr a duas salas, retirar peixes de diferentes aquários e juntá-los numa pequena poça de água do jardim.

«Robert, o que se passa? O que fizeste?»

«Eu? Fiz uma família.»

O Ruben tinha 12 anos, e muitas dificuldades na escola, mais nítidas quando posteriormente chegou ao 5.º ano de escolaridade, que havia de repetir duas vezes.

«Também o que ensinam lá não me serve. Eu queria era ser mecânico de automóveis.»

Só depois foi possível encaminhar este rapaz para um curso de orientação técnico-profissional, muito mais adequado às suas experiências e aspirações.

Também aqui a repetição indirecta ou inconsciente de alguns destes factores está presente nalgumas circunstâncias da escola. Não é benéfico para uma criança ou adolescente como o Ruben encontrar professores demasiado rígidos, de controle autoritário e punitivo, ou demasiado permissivos e pouco perseverantes. Ou estudar programas completamente desadequados às suas necessidades emocionais e cognitivas, como acontece a tantos, até porque essa constitui muitas vezes a base para a comunicação entre o adulto-professor e a criança-aluno, pois o resultado final é a desadequação entre o que se está a oferecer e o que a criança ou adolescente espera, deseja ou necessita.

Nesse campo, não é difícil admitir como a situação será altamente decepcionante para ambos. Tanto como num exemplo entre mãe e filho, quando esta, pressentindo pelo choro a fome do seu bebé de 6 meses, prepara uma refeição de bife com batatas fritas. É claro que a carne pode ser excelente, da melhor qualidade, mas um bebé não tem dentes para mastigar e digerir. A mãe que isto não comprendesse ficaria zangada com o seu filho e decepcionada consigo mesmo:

«Por que será que não come? Dei o meu melhor. Por que me rejeita ele?»

No bebé, o sentimento seria o mesmo:

«Por que não me compreende ela? Estará zangada comigo? Não serei eu o bebé que ela esperava que eu fosse?»

Sem currículos alternativos, «escolas diferentes» para crianças com necessidades diferentes, estaremos a dar a todos a mesma «comida», ajudando que a tão desejada política de inclusão escolar seja a melhor para facilitar a exclusão ou, quando os resultados são falseados, a reclusão escolar, pois aumenta o número dos que, a braços com artimanhas de um sistema hipócrita, vêem os seus gritos de mal estar calados ou ignorados por uma prática de faz-de-conta. E fazem falta outras saídas alternativas, como cursos técnico-profissionais a partir do 5.º ano de escolaridade, já que muitos são os que não chegam ao 7.º ou ao 9.º ano para os iniciarem. E em caso último, fazem falta espaços próprios para ajudar os que estão psiquicamente tão mal que não conseguem ou não podem estar numa escola regular.

«Não era o teu bebé que estava a chorar de fome?»

Qual? O meu? Não. Nem sequer tenho filhos...»

Ou, então:

«Que lindo está o bebé que me mostraste na fotografia!»

«Está, não está?! Também acho.»

Mas a fotografia é apenas uma montagem a partir de um outro que não o seu.

Muitas vezes existe uma intensa desagregação sociofamiliar, isto é, uma ausência de «meio facilitador», mantida numa perpetuação transgeracional de problemas. Depois, finda a possibilidade de manter uma maleabilidade psíquica com alguma capacidade reparadora, restará a algumas crianças (tal como na geração anterior aos seus pais) fazerem uso do processo de «identificação ao agressor», como forma de sobrevivência psíquica: «Se não podes contra eles, junta-te a a eles».

O Miguel tinha 9 anos quando tivemos este diálogo numa consulta:

«Tu fazes-me um desenho de mim lindo?»

«Eu sei que tu passaste por muitas coisas que foram difíceis e que achaste feias, mas isso não quer dizer que tenhas de te sentir assim, feio.»

«Sou, sou. Tu é que és lindo, todo enfeitado.»

E um outro, não muito tempo depois:

«É que eu não gosto de ir à minha escola. É tudo feio.»

«Por que será que tu pensas isso assim?»

«Olha, sei lá. Também não gosto de ver cães a levarem pontapés.»

O Miguel veio à consulta porque não aprende na escola, é instável no seu comportamento e agride os seus colegas e professora. É trazido pela sua avó paterna, que com ele habita num bairro degradado da cidade e que também nos diz «não ter estudos». As expectativas em relação ao progresso escolar do neto são pobres. Foi abandonado pela mãe. O pai é toxicodependente desde a adolescência, altura em que também abandonou a escola, e até recentemente utilizava esta criança para passar droga, sobretudo durante os períodos da noite, obrigando-o a vaguear até altas horas.

Nestes casos, a distorção da auto-imagem por interiorização de maus objectos era muito importante. É que, como já dissemos, este tipo de crianças e adolescentes organiza-se muitas vezes em volta de imagens tão distorcidas como aquela que a Casa dos Espelhos poderia dar. E como explicar que, de facto, eles tomam como mais verdadeira a imagem que os reflecte ora «muito altos e magrinhos», ora «muito baixos e gordos», do que uma outra que lhes estamos a tentar devolver? Porque quem funciona como o verdadeiro espelho emocional dos primeiros anos de vida são os pais ou os adultos que moldam o esqueleto das primeiras relações emocionais, e quando estas são repetidamente vividas como negativas ou desadequadas, o padrão de funcionamento futuro fica precocemente afectado.

Outras vezes, não se trata tanto de uma distorção, mas sobretudo de uma falha (ausência) de uma construção, que será a responsável por um enorme vazio interior. A pobreza e a miséria psicológica de alguns meios condiciona que, desde muito cedo, as estruturas destas crianças seja como a primeira casa da história dos «Três Porquinhos»: frágil, desmoronável ao primeiro impacto adverso. Aqui, depressão seria também a dificuldade em pensar a ausência, trabalho especialmente difícil para todos, sobretudo na infância em que a dependência em relação ao meio exterior é muito maior.

A Margarida tem 6 anos, e uma história de vida muito semelhante às que aqui descrevemos. Respondendo a uma sugestão da professora para que faça um desenho da família diz:

«Família?... Qual família? Então vou desenhar um boneco, pipocas e um bolo.»

Um risco futuro seria a organização progressiva de estado de rarefacção psíquica, com predomínio defensivo das desligações, e da necessidade de esquecer sobre a de ligar e pensar, especialmente em tudo o que implique um maior envolvimento emocional. Este tipo de funcionamento implica uma constante deplecção narcísica, e acaba por contribuir para manter afastado da vida psíquica aquilo que mais desejaria: a mudança, a partir da confiança, respeito, admiração, gratificação.

Também a actividade de «esquecer» não se organiza numa criança sem que previamente uma representação disso mesmo tenha sido apreendida na relação com os outros. Por exemplo, as crianças que não existem no pensamento de ninguém e que, portanto, não sentem nenhum eco emocional nos outros, ou o que sentem é predominantemente negativo, não poderão pensar, ou interessarem-se, ou gostarem...

A sensação de ser gostado, amado, fomenta a segurança. A segurança promove a autonomia. A autonomia promove o gosto de descobrir, conhecer. Conhecer favorece o desejo de crescer, pensar, sonhar, criar.

Não ser gostado implica insegurança. Insegurança leva a maior dependência emocional. Esta fomenta a regressão, o desejo de involuir, estagnar, ou então, o medo de conhecer, o desejo de ignorar, esquecer ou, em caso último, destruir.

Como dissemos, se a isto se juntar a inserção num meio sociofamiliar pobre e pouco estimulante, estão criadas as condições para uma evolução mais negativa com uma rarefação progressiva da vida psíquica.

Os factores sociofamiliares referidos anteriormente levam vulgarmente a outras tantas dificuldades individuais:

— falhas nas boas experiências emocionais primárias. Estas tornam-se impensáveis ou de difícil representação mental, dada a sua qualidade traumática, distorcidas na expressão de imagens compensatórias (tanto maiores e mais idealizadas quanto piores são as experiências reais). O padrão relacional é de uma desconfiança básica em relação a adultos e meio exterior;

— dificuldades na separação/individuação, acabando na falha de definição de limites (no próprio interior e do interior com o exterior). As aproximações são sentidas como intrusões; as ausências como abandonos. Há variações ambivalentes, entre a necessidade de aproximação exclusiva e uma rejeição maciça do que é afectivamente investido. A distância emocional torna-se muito difícil de gerir, e é um dos principais factores a trabalhar. Algumas das questões mais intensas de «indisciplina» na Escola têm aqui as suas raízes: na transferência de sentimentos e pensamentos vividos com os outros e recriados num cenário em que mudam as personagens mas o tipo de relação mantém-se:

— «A escola prendeu-me e eu fugi dela. Quando percebi que tinha fugido de mim, voltei para lá. Queria ter mais possibilidades de me integrar num meio em que não me sentisse deslocado», escrevia o Luís, com 17 anos;

— dificuldades na capacidade de pensar. O pensamento é sempre pobre, concreto, com pouco recurso à imaginação e simbolização. Como dizia um adolescente que segui em consulta, 14 anos, final da escolaridade primária, «é que à porrada é mais rápido...»

Os conhecimentos da escola serão no máximo conglomerados (ilhas ou arquipélagos) não absorvíveis ou integráveis no funcionamento global do «eu». A energia psíquica permanece canalizada para a satisfação de pulsões muito primitivas; sobreviver na luta por necessidades investidas (falsamente) como gratificantes e poderosas torna-se então uma das estratégias procuradas. Muitos deles agem no presente, contra eles próprios ou os outros, o peso do passado e das primeiras experiências escolares negativas.

Assim, nestas crianças e adolescentes, temos uma sintomatologia caracterizada por:

— uma ansiedade predominantemente de perda de amor;

— distorção das relações criança/meio, ou seja, criança/família/escola, maioritariamente expressa em respostas reactivas, quer dizer, comportamentos disruptivos. As crianças são as feridas que ferem, as que aniquilam por medo de ser aniquiladas, as que abandonam por medo de serem abandonadas;

Podem organizar-se psiquicamente num padrão que simbolicamente lembra o da fada má da história da Bela Adormecida. No palácio real ultimam-se os preparativos para o baptizado da princesa Aurora. Chegam então as seis fadas madrinhas convidadas para a ocasião, cada uma trazendo para oferecer os seguintes dons: beleza, encanto, eloquência, prosperidade, energia e sabedoria. Sabendo que não fora convidada, a fada má entra de repente e lança a maldição, que para sempre pairará sobre a princesa. O equivalente nestas crianças seria: «bem sei que não me querem, que não sou desejado nem querido. Mas pelo meu mal e pelas minhas ameaças estarei sempre presente nas vossas vidas»;

— uma patologia do agir visível numa dupla vertente: actos não pensados, pensamentos não agidos ou comunicados. O comboio que leva do agir ao pensar não pára no apeadeiro do pensar. Existe uma precariedade na forma como expressam sentimentos, que vulgarmente não é por palavras, já que muitas vezes as dificuldades mais importantes ocorreram em níveis de evolução pré-verbais (primeiros anos de vida).

Através do agir, muitas procuram inconscientemente produzir um impacto nos outros semelhante ao que eles próprios sentiram a propósito da sua privação.

«Ele magoa-me com o que diz e faz. Agora sou eu que o tenho de magoar também», dizia-me uma mãe de um rapaz de 13 anos.

O essencial aqui é entender isso como uma projecção dirigida não especificamente a cada um de nós como pessoa, mas ao que representamos para essa criança ou adolescente. Usemo-lo para pensar com eles sobre isso, evitando re-agir na mesma dimensão, pois se assim fizermos estaremos a evitar uma perpetuação de um círculo acção-reacção extremamente negativo, que pode progredir num efeito de bola de neve, para todos imparável.

O Zé tem 12 anos e a sua história não é única; é comum e típica de outras situações que conhecemos e sintetiza estes últimos aspectos que referimos.

O Zé viveu com os pais até aos 4 anos, num bairro social muito problemático. A mãe abandonou-o então. A criança ficou aos cuidados do pai, homem com problemas de alcoolismo e emprego incerto. Quando entrou para a escola aos 6 anos, os comportamentos agressivos tiveram início, não sem que antes existissem já referências claras de instabilidade incontrolável no jardim infantil. Chegou a agredir a professora, batia noutros meninos. As dificuldades escolares eram globais. Nenhuma resposta foi posta em prática. Os problemas aumentaram. Passou a faltar com muita frequência. Circulava à pendura nos eléctricos da zona.

«Eu achava que sabia onde a minha mãe estava e ia à procura dela», explicou-me um dia.

Por se achar incapaz de controlar a situação, o pai colocou-o em casa da madrinha. Aos 12 anos repetia pela terceira vez o 5.º ano de escolaridade. Quando entrava na escola era de tal modo conhecido que colegas e professores temiam pelos seus actos. O mal estar era imenso:

por exemplo, pendurava-se nas janelas altas simulando eventuais quedas. Noutro episódio, baixou as calças à frente de todos, numa aula de matemática. Estava em risco de abandonar a escola, apesar de ser um miúdo muito esperto. Dizia-me:

«Eu bem quero ir, mas é assim... Vou pela rua e a estrada foge-me. Eu odeio lá ir. Eles também não gostam de mim... Às vezes gozam-me. Um dia, eles vão ver.»

Como vemos por este caso, na ausência de uma estabilidade emocional adequada, em que as pulsões de ódio (em vez das de amor) já podem ser importantes, o tal saudável desejo de crescer e prazer de aprender é apenas uma miragem para estas crianças.

A vida psíquica organiza-se para um padrão de sobrevivência perante as lutas internas e externas que constantemente ameaçam o seu funcionamento. A escola é por excelência o palco destes dramas; a aprendizagem ainda mora ao lado!

Acresce ainda um ponto: por vezes, o desfasamento entre o que a escola pode ou quer oferecer e o que estas crianças ali procuram é enorme. Ninguém procura em alguém o mínimo denominador comum.

QUE CASTIGO

As mais preocupantes situações de crianças e adolescentes que não aprendem têm um enorme impacto no dia a dia da escola, levando habitualmente os adultos a sentir a ansiedade, a confusão e o caos que elas produzem. Como muitas vezes é difícil a escola estar adaptada para responder a isto mesmo, todos parecem reagir, não reflectindo, dando vulgarmente respostas que como consequência reproduzem afinal as experiências precoces de falhas na contenção do meio.

O João tinha 9 anos, nível escolar quase zero. Ou melhor, estava «oficialmente numa 3.ª classe, a um nível de 2.ª, fazendo fichas de 1.ª». As queixas de comportamentos agressivos eram por todos sentidas como imparáveis. O João tinha-se tornado no «menino-problema» da sua escola. Para que se possa entender um pouco melhor a razão deste quadro, podemos acrescentar que este menino tinha sido vítima de abuso sexual. Os próprios pais estavam longe de conhecer a questão quando falámos nas primeiras consultas.

Contudo, a resposta da escola para esta situação tinha sido colocar a criança a saltitar de sala em sala (todos os dias uma), numa fórmula em que «repartir o mal pelas aldeias» foi tida como a acertada. Bom exemplo perpetuante de uma descontinuidade, de ausência de limites, até impeditivo da organização de um sentimento de integridade e pertença tão necessário para a reestruturação psíquica do João. A escola é mais que uma «federação de salas de aula»; uma criança é mais que o somatório de várias funções.

Este caso relembra ainda uma questão essencial em relação às punições e castigos: podemos punir ou compreender. Vulgarmente, quanto mais compreendermos menos necessidade teremos de punir, embora a questão primeira seja sempre a de que uso fará a criança dessa mesma punição? Controlar por ameaças, pela dor, humilhação, privação, ou não controlar de todo, são extremos a evitar.

Assim, para estas crianças e adolescentes cujas perturbações emocionais condicionam problemas na escola, «aprender a viver» será o primeiro e decisivo passo para a sua evolução. Para isso, é essencial a reconstrução de uma identidade básica que facilite um novo modelo de relação com o adulto que lhes está próximo, de forma a que possam progressivamente recuperar a confiança em si mesmos, depois no adulto enquanto pessoa e professor e só depois (e de novo) com os outros em geral, com o mundo, num nível estável de um prazer de funcionar. Só por fim poderão estar aptas para «viver a aprender». Sabemos que o trabalho é longo, e nem todos conseguiremos recuperar para a sua própria vida, para uma profissão, para a sociedade. Mas é de pequenos gestos que se podem mudar alguns destinos.

André aos 14 anos:

«Sabe, alguns conseguem ir à escola para fugir da droga. Eu vou fugir à escola para ir para a droga. Ó dr. Pedro, arranja-me emprego onde ganhe mais dinheiro?»

Sei bem que, provavelmente, perdi o André. Como outros. Gostava de guardar esta mensagem para que se ouvisse sempre a sua voz. Como outras. Estes nomes a serem ditos por alguém, uma forma de os fazerem sorrir novamente, mesmo quando os seus olhos já não nos olham, quem dera descobrir outra forma.

Sabemos sempre tão pouco perante a força da vida.

A NOSSA CASA (UMA ESCOLA TERAPÊUTICA)

Era uma vez uma casa que era das crianças. Claro que havia por lá adultos para fazerem coisas que eles sabem fazer diferente, como ajudar os pequenos, dar ordens, lembrar o que vai ser o almoço, arranjar a janela da sala e ensinar alguns segredos que depois sabíamos serem úteis. Mas, não sei… Nós gostavamos deles — muito, até — só que nós é que mandávamos por lá. Pois, nós achávamos que era assim, embora isto não fosse realmente tal e qual como dois mais dois serem quatro.

Tem graça quando recordo melhor essa casa. Dantes, não pensava assim. Aliás, eu não pensava quase nada. Só fazia, só corria, gritava! E vejam lá que faz ainda pouco tempo que soube que tinha lá andado de dia. Sempre achei que tinha sido de noite, porque parecia mesmo um sonho. Um sonho daqueles grandes e bons que se têm em noites de verão, quando está sempre calor, um luar alto, e até parece que todas as estrelas falam connosco lá de cima.

Eu sei que quando ia para essa casa havia luz, sol, brincávamos no recreio e fazíamos todas essas coisas que só podemos quando estamos acordados. Mas eu achava que a luz era das pessoas a rir, o sol aparecia porque eu o desenhava grande e as brincadeiras aconteciam com a minha imaginação.

E, às vezes, havia também uma música que vinha de baixo e subia, primeiro magrinha e depois mais gorda, até quase nos levar ao telhado, como se estivéssemos embalados.

Para lá entrarmos era preciso empurrar um portão que eu achava alto, era forrado de rede e fazia um guincho estridente quando se tocava. Podia ser verde... Depois, a casa era grande, pintada de cor-de-rosa como a minha mãe, com a porta larga a mandar entrar e muitas vidraças nas janelas que enfeitavam o quintal. Era um adulto que nos recebia sempre e, não sei porquê, conseguia contar nele os trinta e dois dentes que a gente tem!

Lá dentro pisava-se um soalho seguro que gostava de nós, e começava num corredor de onde se entrava para as salas, até nunca mais parar. Do andar da entrada subia-se e descia-se para baixo e para cima. Ou será que era ao contrário? Não interessa. A não ser que isso se fazia pelas escadas redondas, daquelas sensacionais em que se anda à roda e se chega onde se quer, virado para a frente e mesmo antes da altura de se poder ficar tonto.

Vivia-se bem nessa casa, que afinal também era uma escola. Era outra, umas vezes pior, mas muitas vezes melhor do que as escolas de verdade. E nunca ninguém se esquecia de lá ir. Lembro-me bem de outros meninos que, como eu, por lá viveram. Ainda sei os nomes dos da minha sala, querem ouvir? Era a Filipa, o Zé, a Rita e o Chico. Havia mais um... caramba, esqueci-me! Pronto, era aquele que no recreio jogava connosco um futebol maluco que nós inventámos e comia a minha metade de pão quando já não me apetecia. Oh, e fugir-me o nome dele, quando até guardo um desenho que ele me fez!

Eu hoje já cresci, mas se fosse dantes, chamava-lhe já um nome que me apetecesse. Sim, é isso; podes ser o Miguel. Já está.

Sabes Miguel, estou aqui a olhar para esse desenho e quero contar-te o que pintaste. Já faz muito tempo desde que passámos dias nessa casa. Mas não faz mal, é assim: é só um rectângulo de papel! Vejo nele duas pessoas abraçadas, uma de laranja e outra veste roxo, enquanto mostram os olhos para nós. Num fundo verde-sporting estão flores de pétalas redondas e tortas e há uns animais pequenos (uns pássaros, um cão, que importa?), que se mexem debaixo de um risco de céu azul com um sol de calor a espreitar. Num canto, cresce uma árvore que em cima pintaste com fulgor e que dá muita sombra. A nossa sombra boa, que nos protegia e que não havia semana nenhuma que não a regássemos. Como se nós pudéssemos crescer muito rápido e ficar sem ela. Que medo. Mas não, tudo correu bem e ela nunca perdeu a folha.

Ah, estou-me para aqui a rir. Então não é que descobri ao pé deste desenho antigo uma pedra pequenina, amarela como areia? Era tua, Rita. Fiquei com ela quando apresentaste o teu trabalho sobre o terreno do nosso quintal. Andámos lá fora a fazer escavações e num dia até um adulto escavou tão fundo que apareceu uma minhoca nojenta que te assustou! Depois, juntámo-nos a ti e andámos a ver todos os livros que falavam da Terra. Foi tanto o que se achou que até pareceu que nós éramos mais pequenos. E até houve alguém que disse assim:

«Ó meninos, o mundo é tão grande que nós nunca o saberemos todo.»

E no recreio a seguir, o que nós fizemos mesmo, foi combinar que ninguém ia acreditar nisso, não foi?

E o Chico zangou-se por causa disto. Ficou incomodado com a história e disse que só queríamos saber isso tudo porque já éramos da quarta classe. E ele, como andava na primeira, não quis continuar a brincar e disse que então antes ia ver a rua dele, que era assim mais para o seu tamanho. Sei que até trouxe coisas de lá e todos nós ficámos a pensar que, mesmo quando somos mais velhos, há coisas simples que também são bonitas.

Não me esqueci que na rua desse menino havia uma padaria que se chamava «Alegria» e um gato da vizinha, a quem o traquinas do Chico puxava a cauda e que tinha o nome de Faneco. Ficou escrito no jornal que fizemos.

Um dia, quando estávamos nessa casa, choveu cá fora. Foi muito. Fazia frio e o mês chamava-se Dezembro. Eu tinha lá chegado umas semanas antes. E nessa tarde os mais velhos tinham organizado um teatro. Era a história de um pai e uma mãe que tiveram um filho bonito de quem todas as crianças gostavam.

Os que entravam nessa brincadeira estavam vestidos com roupas velhas, tão velhas que pareciam de há milhares de anos. Esse filho era representado por um de nós que se chamava assim: José Maria. Ele estava deitado num cantinho. Uns falavam com ele e eram pastores. Outros levavam-lhe mais presentes e eram os reis. Havia ainda uma vaca e um burro de cartão grosso, que eram do tempo em que os animais conversavam. Todos cantavam e estavam felizes. Eu senti-me bem e foi por isso que aprendi o que era o Natal.

Tempos depois, crescemos um pouco. Reparámos nisso porque numa manhã de Primavera viemos à janela e tudo parecia mudado. As coisas já não eram como dantes. As flores tinham crescido, as contas eram mais fáceis, já não apetecia jogar só à bola, conhecíamos os livros, sabíamos outras coisas e até os adultos pareciam mais pequenos, vejam só! Achámos isto esquisito.

Corremos outra vez pelo corredor, provámos a sopa na cozinha (só uma colher), pintámos mais uns desenhos melhores, olhámos todas as frases que havia e eu até acabei à pressa um campo de futebol em madeira que tinha começado fazia meses.

Havia pelas paredes uma música bonita como sempre, que nos fez pensar outra vez. Olhámos uns para os outros e foi então que ficámos a saber o que aquela casa nos tinha feito. A nossa casa, grande pinta!

Então a Filipa, aquela menina de cabelos pretos e olhos azuis que nunca choravam, deixou cair umas lágrimas molhadas como a água do rio. E eu disse para ela:

«Não fiques assim. Não vês que esta casa tem bocados de nós? Ela só existe porque nós queremos.»

Ela acreditou, mas pelo sim, pelo não, levou no bolso um bocadinho de tijolo do muro do fundo. Ficámos a rir com isso, brincámos mais um tempo e quando saímos o último fechou o portão. Depois, vivemos felizes para sempre.

UM CANTO DE ESPERANÇA

Conversa na «Torre» com crianças de cinco anos, último ano de jardim de infância, antes da entrada para a «escola dos grandes», em Setembro próximo.

O que vai acontecer quando forem para a 1.ª classe e começar a escola?

«Vamos ser crescidos.»

«Vamos aprender o nome em letras grandes e pequeninas.»

«Sim, e também aprendemos a ler e a escrever.»

«E escrevemos coisas que não sabemos ainda com letras de mãos dadas.»

«Eu acho que primeiro vão-nos dar uma pasta para levarmos trabalhos de casa.»

«E é com outra professora.»

«Também vamos contar até muitos, até mais de cem.»

«E já não pisamos jogos.»

«E fazemos contas. Somar números. Vamos fazer desenhos melhores.»

«Vamos ter matemáticas e o meu irmão diz que são muito mais difíceis.»

Vocês vão andar nesta escola até à 4.ª classe. Depois, vão para outras escolas. Um dia já não vão precisar de andar na escola, já aprenderam muitas coisas. O que acham que aprenderam e como irá ser quando já tiverem acabado de estudar?

«Muito giro.»

«Vamos ter pena.»

«Aprendi a apertar melhor os sapatos.»

«Aprendi a brincar como os crescidos.»

«Vou ser quase igual à minha mãe.»

«E eu ao meu pai.»

«Consigo ler todos os livros que quiser.»

«Vamos ser adultos. Ser grandes, ter dinheiro, ter uma pasta para o trabalho e uma gabardina.»

«Eu aprendi a cozinhar comidas boas, a ligar fichas de electricidade e estender a roupa alta.»

«Aprendi a tirar fotografias. Vou jogar muito à bola.»

«Já não me vou portar mal e os meus pais já não ralham tanto.»

«Já não vou à escola. Já vou saber namorar, saber as peças todas do carro e arranjar bem a casa. Arrumo melhor o meu quarto.»

«Quero ser professor e tratar de cães.»

«Eu vou ser médico para fazer operações.»

«Eu quero ser astronauta, acho que é assim que se diz.»

«Mergulhador. Sozinho.»

«E eu vou ser futebolista.»

CADERNO DE SIGNIFICADOS

É um caderno de linhas aberto, calmamente esperando movimentos compassados do lápis a desenhar letras, palavras, números, contas... Aprender é isto, mas felizmente que a vida é muito mais. Há coisas que se aprendem tão bem sem quase ninguém ter que ensinar e tanta coisa que se ensina que quase ninguém aprende. Ainda bem que há sempre uma certa ironia aliada da verdade, um escrever direito sobre linhas tortas, um acertar que segura e confirma, um falhar que descobre e alerta, um mal estar que lembra e desperta.

Há uma mensagem que se resume a isto: descobrir de novo a simplicidade esquecida das coisas, a harmonia secular do bom senso e, em caso de dúvida, «sê sempre tu próprio!»

O verdadeiro ensino não está só nos manuais, não se aprende soletrado em dez lições, não se compra estafado na encomenda de ocasião, nunca chega por decreto (quanto a isso, nunca). Mais força que todas as leis tem o homem e dentro dele as crianças: o poder de inverter a certeza de alguns movimentos, muitas vezes antes que o sol feche o seu círculo no céu, o contrário de uma certa tendência para pensarmos demasiado em nós próprios, o secreto entender que de altos e baixos se faz a tranquilidade.

Antes que as crianças sejam velhas demais para verem sozinhas o que há para ver, ensinemos-lhes ternamente a Vida, a maior das sabedorias.

CAPÍTULO 5

MANUAL DE SOBREVIVÊNCIA

PENSAR O IMPENSÁVEL

FOLHAS CAÍDAS

Foi o poeta Wallace Stevens quem escreveu:

«Depois das folhas terem caído, regressamos a um sentido simples das coisas.»

Como reagem e sobrevivem as crianças e adolescentes que vivem experiências de vida intensamente traumáticas? Como é possível pensar o impensável? Sabemos que existem verdadeiros sobreviventes de holocaustos: «super-kids», resistentes das agruras da vida. Mas, que preço pagam no momento e na sua organização psíquica futura?

A Joana tinha 5 anos quando rebentou a guerra civil na Guiné-Bissau. O seu pai estava então em Inglaterra, após uma separação recente da mãe. Antes de ser evacuada para Lisboa com a família, assistiu ainda a dias de conflito armado, num clima de terror e pânico que tomou conta de todos. Mesmo no trajecto para o aeroporto ouviu repetidamente tiros, explosões, viu corpos de pessoas mortas.

Pouco tempo depois, já integrada num jardim de infância de Lisboa, foi sinalizada à Casa da Praia para observação, por queixas que incluíam comportamentos muito agressivos para com as outras crianças e dependência excessiva dos adultos. Parecia sempre uma criança assustada. À hora das refeições fazia perguntas como:

«A comida tem ossos? Ela está morta?»

Numa ida a um teatro que incluía um final com efeitos sonoros e visuais de foguetes, bichas de rabiar e estrelinhas de luz, teve uma reacção ansiosa muito intensa. Saltando para o colo da educadora disse:

«São tiros. Pára. Não quero, não quero mais.»

«Venho falar consigo porque tenho um feitio explosivo.»

O Vasco tinha então 20 anos e acrescentava:

«Não me controlo. Acontece-me explodir logo se há alguma coisa que não corre como estava à espera. Depois, fico aflito a pensar por que é aquilo se passou e tenho vergonha. Sei que assim afasto as pessoas. É como se fosse uma mina que se alguém pisar, bum.»

O Vasco viveu até aos 8 anos em Moçambique, tempo sempre marcado pela guerra que então existia entre as forças do governo e as da Renamo.

«Era incrível. Vi gente a morrer. Havia alturas em que não se podia sair à rua. Por exemplo, se na escola víamos uma caneta ou outro objecto no chão, era melhor não tocar. Podia ser uma mina, uma armadilha. Ainda hoje tenho sonhos horríveis com tudo isso, acordo assustado, parece que estou lá outra vez.»

Era espantoso como o Vasco se organizara mediante a percepção de um mundo exterior potencialmente hostil, sempre em risco de «explodir», tal como ele próprio agora se definia na relação com os outros.

«Se houver guerra no Kosovo, Portugal pode entrar, não é? E se for assim, eu posso ir, porque é este ano que vou dar o meu nome para a tropa. Fico maluco só de pensar nisso.»

O Samuel tem 18 anos e viveu os primeiros seis em Angola. O martírio de populações, a morte de familiares, histórias de fuzilamentos de amigos, contadas por um pai também já ele anteriormente perseguido e preso pela polícia portuguesa do antigo regime, e depois por forças militares em confronto, fizeram parte das suas vivências infantis.

«Tenho duas memórias extremas. Uma, de nós todos a regressarmos da praia, com um tempo lindo. Outra, quando íamos no carro com os meus pais e uns amigos deles. Mandaram-nos parar, saímos todos e esse senhor foi ali fuzilado à nossa frente.»

Claro que não havia risco aparente de o Samuel ser chamado como recruta português para a guerra contra a Jugoslávia. A sua alteração emocional era consequência de um medo de repetição traumática daquilo a que estivera sujeito nos primeiros anos de vida.

O João Rodrigues, a sua filha Joana e o meu primo João Pacheco editaram um pequeno livro de poemas que, respectivamente traduziram, desenharam e fotografaram. Chamaram-lhe *A Ciência do Adeus*. Nele, há um texto muito bonito da poetisa polaca Wislawa Szymborska, «O Fim e O Princípio», escrito em 1993, e que diz assim:

«Depois de cada guerra
alguém tem de fazer a limpeza.
As coisas não se limpam
a si próprias, afinal.
[...]
Alguém tem de meter-se
por entre a lama e as cinzas
por entre as molas dos sofás
por entre os vidros partidos
por entre os farrapos ensaguentados.
[...]
Os que sabem
o porquê e o como
vão ceder lugar
aos que pouco sabem.
E aos que sabem menos ainda.
E por fim mesmo nada.

E na erva que vai crescer
sobre as causas e os efeitos
alguém deverá deitar-se
de espiga nos dentes
olhando as nuvens».

AS GUERRAS

As situações extremas que a Joana, o Vasco e o Samuel viveram são raras. Mas existem outras a que muitas das nossas crianças e adolescentes estão sujeitas no dia a dia, de forma única ou repetida, cujo impacto emocional é igualmente brutal.

«As guerras são mas é em minha casa», como nos dizia um rapaz de 9 anos.

De facto, para muitos que perto de nós vivem em condições sociais e familiares de risco, as experiências de vida encerram facetas tão traumáticas que em tudo podem ser comparados aos três exemplos dados.

Paulo, 13 anos, tão demasiadamente rápidos como perdidos numa vida impossível de pensar.

Sexto filho rapaz de um casal que vive em condições sociais e económicas muito fracas.

O pai está há muito tempo impossibilitado de trabalhar por acidente de trabalho.

A mãe sofre de perturbações psiquiátricas, com alguns internamentos.

O clima de violência familiar é intenso e repetido.

Dois irmãos são toxicodependentes.

Outro morreu em casa, em consequência do mesmo problema. O Paulo assistiu à sua degradação física terminal.

Um outro mais velho está preso. O Paulo visita-o com regularidade.

Outro, adolescente, está confiado à guarda de um colégio do Instituto de Reinserção Social.

A acção decorre num grande subúrbio da cidade de Lisboa.

No bairro do Paulo existem grupos organizados de rapazes adolescentes que se dedicam a comportamentos marginais, como roubos, assaltos e tráfico de droga. Dois dos seus irmãos integraram-nos. O melhor amigo do Paulo, de 16 anos, tinha sido recentemente preso, num caso documentado pela comunicação social: furtos a mais de duas centenas de carros num espaço pouco superior a dois anos. O Paulo exibia um recorte de jornal com a notícia:

«Era bem meu amigo, o Nóias.»

No ano anterior o Paulo tinha sido sexualmente abusado por alguns destes rapazes. Deixou de ir à escola, apesar desta estar incluída em território educativo de intervenção prioritária, com polícia destacada para ajudar ao controle dos tempos de entrada e saída de actividades lectivas. A partir daí, aumentaram os seus comportamentos de risco: participou num assalto a uma residência próxima.

Pouco depois, soube-o no decorrer do seguimento clínico, foi angariado por uma rede pedófila. Foi sexualmente abusado por repetidas vezes, entre os 12 e os 13 anos.

«Há coisas que eu me lembro. Outras não. Tapavam-me a cara com um pano e eu nem sequer sabia onde estava. Não quero falar disso agora. Quer dizer, quero, mas é melhor não. Tenho medo.»

Teve então uma colocação institucional, que de início correu bem. Num ambiente mais calmo e protegido, conseguiu organizar-se de outra forma. Contudo, os inegociáveis apelos exteriores, mesmo sendo negativos, tornaram-no cativo de uma intensa coacção que encontrava eco na sua fragilidade interna. Não resistiu e ensaiou várias fugas, até à final, sem retorno.

Quando o conheci era um rapaz perdido num mundo que sentia como completamente hostil. Os pais continuavam incapazes de olhar pelo filho de outra forma.

«Não estou bem em lado nenhum. Em casa não consigo dormir nem comer. Parece que tenho um peso no estômago. Na rua tenho medo. Também não quero voltar para o sítio onde estive», dizia-me o Paulo num dos períodos de fuga.

A sua tensão emocional era enorme. O seu estado psíquico, crítico, de uma vulnerabilidade total. Não se ficava na mesma depois de se olhar para este miúdo franzino, com ar desprezado, olhar muito fundo e triste. Não se entendia mais o mundo de maneira igual e, porém, recordo ter pensado:

«Que história horrível. O que fazer?»

São situações como esta, em que crianças e adolescentes vivem situações de intensa tensão emocional, que em tudo serão comparáveis aos efeitos traumáticos daqueles que vivem em meios ambientes hostis como são os de cenários de guerra.

Tal como o Eugénio, 13 anos de idade, com um história de múltiplas privações emocionais, que nos seus desenhos livres incluía sempre uma camioneta, com um rapaz à janela olhando assustado por baixo do letreiro «Emergência», pintado de encarnado.

Ou o Guilherme, de 9 anos, a viver em colocação institucional desde os quatro, por história de abandono parental, que colara na cabeceira da sua cama um recorte de anúncio onde se lia «100% Seguro».

James Garbarino, pedopsiquiatra norte-americano chefiou missões da UNICEF de intervenção em crianças e famílias vítimas de conflitos armados. Esteve em Moçambique e Palestina, tal como na Bósnia, anos mais tarde. Fez depois o paralelo com o seu trabalho nos subúrbios de Chicago, onde milhares de jovens crescem em cenários de alta violência familiar e comunitária. Diferenças? Poucas.

Em Moçambique, durante os anos de guerra, 4 600 000 pessoas deixaram as suas casas à procura de segurança. Metade da população não se conseguia alimentar dignamente. Em 1989, a UNICEF estimava em 600 000 o número total de mortes; 494 000 eram menores de 18 anos. Num só ano 800 000 foram admitidos num hospital central. Dos que sobreviveram, muitos viram familiares serem mortos, outros torturados, queimados vivos, as escolas destruídas, foram brutalmente separados do contacto com os seus pais.

De 119 adolescentes observados num campo de refugiados por Garbarino e colegas, 42% presenciaram assassinatos, 44% perderam um dos pais, 18% tinham sofridos torturas. Nas observações, as suas faces e posturas eram inexpressivas. Não esboçavam activamente nenhum movimento de interacção. Os conteúdos dos seus discursos espontâneos eram muitas vezes verdadeiramente macabros. Alguns desenhos repetiam temas de morte, desamparo, dor. O mesmo foi observado em grupos de crianças e adolescentes vítimas da guerra da Bósnia:

«Mataram a minha casa», dizia uma rapariga de 11 anos a propósito de um desenho que realizara.

«Eu estava ao lado de um rapaz que foi morto. Ele tinha a minha idade. Eu vi-o levar um tiro e morrer», relatava um rapariga de 13 anos a um jornalista do *The Guardian*.

Mas descrições de Garbarino sobre rapazes e raparigas dos bairros pobres de Chicago são em tudo semelhantes. Como a de um adolescente que, na mesma semana em que teve o pai preso, viu o irmão ser baleado numa rixa ligada ao tráfico de droga. A escola que frequentava era constantemente vigiada pela polícia e alguns dos professores que se aventuravam a leccionar recebiam aulas de técnicas marciais de defesa. Esse mesmo rapaz, sexualmente abusado por um cunhado, vagueava sozinho pelas ruas da cidade.

Foi também neste contexto que Sameroff e Greenspan, técnicos de renome mundial nesta área, estudaram a associação entre factores de risco como pobreza crónica, falha de suporte social, interacções parentais negativas, doença mental de um dos pais, por exemplo, com a quebra de resultados numa prova de aferição de nível de desenvolvimento intelectual em crianças menores de 6 anos (WWPSI). Uma das muitas constatações foi a de que, a partir da presença de três factores de risco na história de vida das crianças, o nível tende a situar-se em valores abaixo da média.

O mesmo se passou com outros estudos comparativos de crianças de zonas difíceis de Belfast, Irlanda do Norte, e outras dos grandes arredores de cidades como Londres, Liverpool, Manchester ou Bristol. O impacto tóxico do meio exterior tem muitos pontos comparáveis.

Steven era um rapaz de 10 anos, que conheci na Unidade Escolar da Tavistock Clinic de Londres. Morava num bairro periférico da cidade, em condições sociais e familiares de risco. Escreveu o seguinte texto, retrato do seu dia a dia:

«Um rapaz estava a roubar o Kevin.
O Kevin estava a chorar.
Será que o rapaz vai matar o Kevin?
O rapaz disse:
Se chorares muito alto eu mato-te.
Eu disse ao Kevin:
Não chores ou ele mata-nos.
Nós não podíamos ir para casa.
Tínhamos medo.»

Tem sido assim em vários pontos do mundo. E só para exemplificar a realidade norte-americana relembremos a sequência de autênticos pesadelos:

Pearl, 1997. Depois de matar a sua mãe, Luke, de 16 anos, dispara na sua escola, matando três colegas e ferindo outros tantos.

West Paducah, 1997. Michael, 14 anos, mata três estudantes.

Jonesboro, 1998. Mitchell e Andrew, de 13 e 11 anos matam quatro colegas e a sua professora.

Edinboro, 1998. Andrew, 14 anos, mata o seu professor.

Springfield, Kip, de 15 anos, depois de matar os dois pais, dispara sobre vinte e quatro colegas e mata dois.

Os Estados Unidos estão além da nossa realidade. A venda livre de armas facilita muitos destes actos. Mas o que é inegável é que eles também não teriam acontecido se o grau de perturbação destes adolescentes tivesse sido previamente valorizado como sinal de uma patologia psicossocial.

E em Portugal? Vejamos o caso do Paulo como exemplo de muitos mil que crescem em zonas de alto risco social e familiar, bairros onde muitas vezes a própria polícia não entra, pais e adultos que, pela sua relação patológica com os filhos, fazem que a essência da própria infância seja sistematicamente inexistente. Segurança, paz, alegria, tempo e espaço para brincar, confiança, satisfação, prazer, gosto, protecção são palavras esquecidas dos dicionários quotidianos. Assim não é possível crescer, conhecer, aprender. A casa, a rua, a escola, os três locais que simbolizam essas experiências do desenvolvimento, são espaços onde não é possível ser-se criança. Quem trabalha no terreno bem sabe. Porque é através das relações sociais, entre as quais as mais importantes são as que se estabelecem entre os pais e filhos, que estes apreendem o mundo.

«Queria ter uns pais novos.»

Esta frase foi dita pelo Nuno, de 7 anos, no começo de uma primeira observação.

«Novos, como?»

«Olha, outros. Diferentes.»

Para perceber como se sobrevive psiquicamente a estes terramotos emocionais vamos falar de compreensão das experiências emocionais e de mecanismos de defesa utilizados nestas situações: identificação ao agressor, clivagem, denegação, projecção, idealização. Veremos como podem ser «life-saving», embora posteriormente possam tornar-se patológicas se usados maciçamente. Para perceber algumas evoluções de risco, abordaremos também o conceito teórico de «trabalho do negativo», do psicanalista francês André Green.

Há histórias de vida surpreendidas pela dificuldade.

Conhecem *Oliver Twist*, o livro de Charles Dickens?

Sim, ainda hoje e ao nosso lado, sobrevivem muitas crianças como aquele órfão abandonado aos maus tratos do asilo, para quem a vida era um longo tormento. Filho de ninguém, castigado por ter o atrevimento de pedir mais comida, usado por Fangin, chefe de uma quadrilha de pequenos delinquentes, Oliver não conhecia alegrias. E mesmo assim, um dos adultos perguntava intrigado:

«Na verdade, porque chora esta criança? Não terá razões suficientes para estar satisfeita com a sua sorte?»

No final da história, Oliver descobre a sua verdadeira identidade e desvendam-se as malévolas intenções dos seus inimigos. Mas, a diferença entre o romance de Dickens e as vidas de muitos outros miúdos que agora conhecemos está justamente no final. É que nem sempre ele é feliz ou os maus têm a punição devida.

Claire Winnicott, mulher do famoso médico pedopsiquiatra inglês Donald Winnicott, foi assistente social e realizou trabalhos importantes na área da intervenção em crianças vítimas de múltiplas privações emocionais. Conjuntamente com o marido e Barbara Dockar-Drysdale, psicoterapeuta fundadora da Mulberry Bush School, partilharam experiências neste campo. Sobre estas crianças, escreveu que todas elas passaram por experiências de vida muito dolorosas, e isso levou a que muitas tivessem de abdicar de sentir, ou então, de dar expressão a esses sentimentos apenas por manifestações como zanga, hostilidade, violência, porque tudo isso é afinal mais tolerável do que os verdadeiros sentimentos de perda, abandono, isolamento. Contudo, acrescentava que era nessa mesma parte sofrida que morava o mais profundo desejo de viver, dar e receber amor.

Recordo ainda uma frase que um dia ouvi de alguém:

«Demasiado nada num estômago vazio arruína o apetite.»

A apreensão deste tipo de experiências emocionais não é fácil, não só pela sua natureza traumática mas pela imaturidade psíquica que caracteriza o desenvolvimento infantil. Também porque nos casos mais graves, o meio exterior (familiar, social) não se organiza como contentor, antes agravando o impacto das situações.

Os pais ou os adultos a quem as crianças estão mais referenciadas desempenham aí um papel fundamental. É deles que se espera o que o psicanalista inglês Wilfred Bion designou de «capacidade de *reverie*», isto é, uma capacidade de receber, transformar e devolver experiências mentais impensáveis para uma criança sozinha. Sem uma «compreensão emocional», as produções mentais serão apenas expulsas por um processo de projecção ou retidas sem significado aparente, como memórias não digeridas.

O Luís foi sujeito durante anos a uma situação conflitual muito aberta entre os seus pais, que o utilizavam sistematicamente como moeda de troca. Obrigado ora a tomar partido da mãe contra o pai, ou o do pai contra a mãe, manifestou dificuldades extremas no início da adolescência. Aos 13 anos fez um quadro que, à primeira vista parecia de ser de confusão mental e actividade delirante:

«A minha mãe só me quer mal. Não posso comer a comida que ela faz, pode estar envenenada.»

Nessa altura, deixou de falar à mãe, e passou a agredi-la fisicamente, repetindo-se episódios muito agressivos entre os dois. Perante isto, o Pai mantinha uma passividade que confirmava ao Luís este seu núcleo patológico.

«Ela é uma bruxa. Posso muito bem passar sem ela.»

A incapacidade de compreender determinadas experiências de dor psíquica tinham trazido ao Luís um sentimento de «helplessness» (sem ajuda), mascarado por uma enorme omnipotência. Este é um aspecto comum a outros casos, em que a omnipotência, embora com o objectivo defensivo de diminuir as dificuldades, acaba por gerar sintomas importantes com uma deterioração progressiva da organização mental.

A clivagem e a projecção patológica protegiam-no do contacto com a sua própria parte mais vulnerável que assim era ignorada. A dependência e a fragilidade eram denegadas através de um narcisismo omnipotente. Prejudicada a capacidade de simbolizar, predominava um pensamento concreto. A indução de uma confusão entre realidade e fantasia estava feita.

Também neste exemplo se via outro aspecto típico de crianças que enfrentam experiências de vida sentidas como muito dolorosas: a falha na compreensão emocional dá origem à confusão entre a própria experiência e a presença do que é experienciado, naquilo a que Hanna Segal chamou de «equação simbólica».

Bob era um menino de 6 anos que conheci na Unidade Escolar da Tavistock Clinic. A sua história de vida estava marcada por episódios devastadores. Abandonado pelos pais, tinha tido uma primeira colocação familiar que falhara. A família de acolhimento negligenciava-o. Foi então colocado numa instituição e, posteriormente, numa segunda família de acolhimento. Estava sentado com ele a uma mesa de trabalho quando, a propósito de um desenho onde completava uma árvore, perguntou:

«Se eu pintar os meus dedos de verde também fico uma árvore?»

Recordo ainda a Vanessa, de 5 anos de idade, menina especialmente confusa e desorganizada no seu pensamento depois de um abusos sexuais por parte do pai, que depois de desenhar uma cobra teve uma reacção ansiosa muito forte perguntando-me assustada:

«Ai, ai, ai... Uma cobra! Está ali uma cobra! Achas que ela pode fazer-me mal?»

Estes são aspectos muito característicos das crianças que passam por situações de abuso sexual, bem como o mecanismo de identificação ao agressor, a partir do qual a vítima pode passar a papel idêntico de vitimizador.

A clivagem é um mecanismo de defesa que, se usada maciçamente, permite alterar profundamente a experiência emocional e obliterar certos aspectos da realidade. A dor psíquica é evitada, isolando as representações afectivas dos acontecimentos traumáticos. Contudo, a coesão do «self» fica ameaçada, num tipo de funcionamento mental fragmentado que pode revelar facetas distintas da personalidade equipadas com diferentes atributos. Vulgarmente, o lado mais vulnerável é o clivado e projectado, mantendo-se isolado e não desenvolvido. Quando as partes dominantes do «self», que são afinal as defensivas, se reforçam através de uma omnipotência potencialmente destrutiva envolvendo projecções de conteúdos sádicos, estamos perante um quadro que se pode designar por «narcisismo destrutivo».

O Tiago tinha sido adoptado aos 3 anos, após uma estada num centro de acolhimento. Tinha agora 13 anos e um padrão de comportamento que os pais descreviam como oscilando entre «meigo e carinhoso» e «terrível e controlador». Sobre esta faceta falavam-me da história recente em que o filho os trancara em casa, partindo um vidro de uma porta e ameaçando bater-lhes se eles não o deixassem sair à noite até às seis da manhã. Ora, era este mesmo Tiago que também apresentava graves dificuldades escolares por mau comportamento, que à noite não conseguia dormir sem uma luz acesa no seu quarto, dizendo: «tenho medo e só vêm à cabeça pensamentos maus».

São algumas destas defesas que permitem pensar o impensável e permitem uma verdadeira sobrevivência psíquica face ao peso de situações traumáticas. Contudo, vimos que existe sempre um preço. Uma factura para mais tarde ou mais cedo pagar.

E DEPOIS DO ADEUS

Nos casos muito extremos, os mecanismos de defesa não chegam para evitar um processo destrutivo para o próprio, vulgarmente acompanhado de um grande impacto social. É quando predomina o que Green chamou de «trabalho do negativo».

No nosso funcionamento mental existem pulsões de vida e pulsões de morte, já descritas por Sigmund Freud, e com mecanismos característicos de ligação e desligação psíquicas. Green propõe que o objectivo essencial das pulsões de vida é assegurar uma «função objectalizante», isto é, um investimento nas pessoas e nas coisas com um significado afectivo importante. Por oposto, o objectivo da pulsão de morte é favorecer uma função desobjectalizante, caracterizada pelo predomínio de desligações e retirada progressiva do investimento afectivo das representações psíquicas.

Nas crianças e adolescentes muito sofridas e sobre as quais foi vencido um limiar de sobrevivência psíquica, podemos encontrar quadros clínicos marcados por estes últimos aspectos, que assim condicionam um narcisismo negativo. Em estruturas marcadas por um nível de pensamento primário e rarefacção do pré-consciente, predomina a expressão agida de buracos depressivos precoces ou primários. Para Green, a denegação da realidade, uma provocação masoquista e o desejo autopunitivo marcam um quadro comum deste tipo de funcionamneto mental patológico.

Como exemplo, apresento excertos de consultas com o Henrique, então com 14 anos, no segundo ano de terapia:

«Tudo me corre sempre mal.»

«Não sei se é tanto assim como dizes, ou se é mais a forma como tu sentes as coisas.»

«Não, então quer ver? Aquela lagartixa que tinha apanhado... Aquela nojenta de que lhe contei, a que estava guardada na caixinha dos horrores... O meu educador tirou-ma, grande cabrão. Ah, mas vai ver, vou obrigá-lo a dar-ma. Ele diz que me vai dar um lagarto bonzinho, que é melhor. Não quero. Quero é a má.»

«É um bocado complicado escolher o lado certo para ser. Entre o bom e o mau...»

«Eu já escolhi. Quero o mau. Julga que sou otário, ou quê?»

«Pois, mas esse é o lado que achas que tens de mostrar para te defenderes, embora eu ache que o outro, o bom, é mais verdadeiro. É mais sofrido, sabemos...»

«Olhe isso não sei... [*silêncio; depois tira um recorte de revista com a Princesa Carolina do Mónaco, os seus filhos, e o Príncipe Rainier*] Olhe lá para isto, acha justo? Acha que este miúdo vale mais do que eu só porque o avô dele é presidente? E o presidente vale mais que o meu pai? E aqui o miúdo, ãh?»

Nessa consulta sentia-me eu vestido à «presidente», pois ao contrário do habitual, estava de blazer e gravata. Falo-lhe então no lado de «presidente» que cada um de nós também tem e acrescento:

«Tu também tens um lado com valor, com a importância que dás aos miúdos dessa fotografia...»

«Tenho? Para quem? Lembre-se lá de alguém... Só se for para si.»

«Sim. E mais...»

«Olhe, as suas férias quando é que são?»

«Bem, eu vou de férias, mas sabes que volto. E também não nos perdemos... Podes pensar no que aqui falamos. Se for preciso, tens o meu telefone.»

«Eu vou fugir para Espanha.»

«Mas eu não vou fugir de ti.»

«Não lhe digo com quem vou. Conhece Espanha? Vou numa *Harley-Davidson*... Está-se a rir?»

«Não.»

«Também ninguém acreditava quando eu disse que ia fugir da Serra das Minas.»

Interpreto esta angústia de perda e, no final da consulta, o Henrique diz-me:

«Então para a semana cá estou. Mas não vai gostar de mim. Venho com outras calças, bruto blusão, cabelo aqui cortado, só pinta.»

Sessão seguinte, depois das curtas férias.

Brincando no chão com peças lego e alguns carrinhos. Constrói uma casa de onde partem carros e pessoas. Há despedidas.

«Sou eu a fugir da Serra das Minas... A culpa foi toda da minha mãe. Ela quis-me matar. Dizia que eu não prestava. Uma merda. Só servia para roubar. Eu. A roubar, veja lá... Aí fugi a minha primeira vez de casa. Quando voltei, ela pôs-me de castigo, a dormir cá fora, no quintal. Embrulhava-me nos cobertores, ao pé do tanque. *G'anda briol.* Só serviu para me pôr pior. Ela só me punha pior, está a ver?»

Falámos novamente nos seus múltiplos abandonos que causaram a sua institucionalização aos 12 anos, e do receio de repetição, incluindo em relação a mim.

«Isto nunca se sabe. Até eu ter 18 anos... Bem, eu já disse que não estou lá por não ter família. É verdade. Estou para arranjar amigos. E já tenho. Sabe o Rui Ninja de que lhe falei? A gente já tem um grupo, ele sabe gamar, e agora vou-me armar em mau e pronto [*faz uns passes de karaté*]!»

O Henrique era filho de um pai que não conheceu. A sua mãe sofria de perturbação psiquiátrica grave. Em períodos de descompensação maníaca, dizia estar «a escrever uma peça de teatro para o D. Maria». Em fase depressiva chorava ao contar o que tinha sofrido pelo abandono da sua própria mãe, da sua complicada vida da noite e dos seus prazeres necrófilos.

O Henrique tinha mais quatro irmãos. Os dois mais novos, também rapazes, foram depois institucionalizados. Enquanto estava com a mãe, padrastos e irmãos, viveu sempre em condições sociais de pobreza extrema, na Serra das Minas (arredores de Lisboa) ou no Bairro Alto. Para sobreviver mendigava e fazia furtos. Praticamente não tinha qualquer nível de escolaridade. Aos 12 anos não dominava os rudimentos da escrita e da leitura.

O Henrique cresceu. Fez-se «Ninja». Conseguiu evoluções, mas outras não foram mais possíveis. O peso adverso da realidade familiar e social eram demasiado fortes. Não resistiu. Fez alguma escolaridade enquanto esteve emocionalmente mais estável. Aos 16 anos saiu da instituição onde estava. Não conseguiu uma forma autónoma de subsistência. Viveu novamente com a mãe. E depois com outros da idade, não sei onde. O Rui Ninja foi preso, contou-me. Tráfico de droga, foi a razão. Antes, tinha estado hospitalizado: «tuberculose» disse o Henrique, «E fui lá vê-lo… tiraram-lhe *bué* de líquido do pulmão». Aos 18 anos engravidou uma rapariga. Nessa altura, discutia-se em Portugal o referendo sobre a proposta de despenalização do aborto. «A minha *chavalita*, de 14 anos, abortou. Não sei onde, mas não foi num hospital.» Nunca perdi o contacto com o Henrique. De vez em quando, procura-me ou telefona-me.

«É só para dizer que arranjei mais problemas», dizia em algumas ocasiões.

Da última vez que o vi tinha 20 anos, e iniciara o serviço militar obrigatório:

«Pode ser que seja bom para a minha vida. O pior é o negócio… Ando metido numas histórias.»

Referia-se à sua actividade de *dealer*.

«O dr. Pedro não me diga coisas. Ganha-se muito, o que é que quer? E depois do que eu já passei, não dá para pensar no dia de amanhã. É viver para hoje e andar!»

Anos depois, conheci em consulta um dos seus irmãos mais novos.

«Olhe, trate bem dele. Ensine-o a não fazer as asneiras que eu fiz», pediu-me o Henrique.

«Não sei se consigo», lembro-me de pensar. Mas respondi-lhe:

«Vou tentar.»

TELEGRAMA

É uma mensagem e um pedido.

Mensagem: Todas as vidas são conversáveis Stop Todas as vidas são respeitáveis Stop A grande vantagem de estarmos vivos e haver connosco mais pessoas não é tanto o que o coração pode sentir e a cabeça pensar é entre nós poder acontecer qualquer coisa Stop As nossas vidas tocarem-se Stop E é isso que devemos agradecer e é isso que devemos honestamente viver Stop

Pedido: Abram-se aos outros Stop Não queiram conhecer vidas assim Stop Sofre-se muito Stop Não tem mal conhecer vidas assim Stop Ensinam-nos muito Stop

LUTAR OU MORRER

Selma Fraiberg foi uma assistente social norte-americana, pioneira em campos de saúde mental da primeira infância. O sucesso da publicação do seu primeiro livro *Magic Years*, em 1959, baseado na questão do desenvolvimento infantil nos seis anos iniciais de vida, tornou-a numa das mais populares cientistas nesta área.

Seguindo a linha de trabalhos anteriores de John Bowlby e René Spitz, dois grandes nomes do nosso século, Fraiberg iniciou os seus trabalhos em pais com patologia evidente, e cujas infâncias estavam também elas preenchidas de episódios de maus tratos, negligência e abuso psicológico. A compreensão dos afectos dolorosos revividos na relação com os seus filhos, permitiria deslocar o conflito projectado na própria criança, que assim deixava de fechar um ciclo de patologia transgeracional.

Através desta intervenção, os pais marcados pelo sofrimento enquanto crianças estariam aptos a trazer à superfície o melhor para os seus filhos, protegendo-os contra a repetição do seu próprio passado conflitual. Desta forma, os fantasmas que povoavam o passado deixariam de ser um destino.

Num dos seus últimos ensaios, já nos anos 80, Selma Fraiberg abordou a questão da existência de defesas patológicas precocemente presentes em crianças que passaram por privações extremas e ficaram indefesas ante ameaças externas e internas, desenvolvendo um sentimento de desamparo e de sofrimento sem saída.

As bases deste trabalho iniciaram-se quando, a propósito de um plano de intervenção em saúde mental de primeira infância, Fraiberg se propôs estudar um grupo de cinquenta crianças, enviadas por suspeita de negligência ou abuso (físico, sexual, emocional) e em que os seus pais sofriam de perturbações psíquicas que lhes dificultavam a tarefa da parentalidade.

O que acontecerá a uma criança muito pequena (no estudo até aos 18 meses), se existirem falhas na sua protecção, isto é, se a deixarmos exposta a experiências prolongadas e repetidas de desamparo? E o que se passará se estas experiências dolorosas vierem de quem ela mais depende, isto é, dos seus pais?

Sabendo que um bebé não consegue lidar sozinho com muitas das ameaças externas ou internas sem a ajuda dos adultos que o rodeiam, que aliviam ou modulam as tensões antes delas se tornarem insuportáveis, procurar resposta a perguntas como esta era novamente querer «pensar o impensável».

No decorrer deste estudo, a intervenção domiciliária para estudo e seguimento destas crianças e pais, permitiu o reconhecimento de defesas patológicas, designadas por evitamento, congelamento, luta, transformação de afectos e reversão.

De novo, a existência de alguns destes mecanismos pode ser frequentemente observável em crianças normais; contudo, o que os torna patológicos é a sua constância e intensidade e, sobretudo, o seu uso ser essencialmente destinado à remoção do campo consciente de processos tidos como dolorosos para o bebé.

O «evitamento» foi a primeira defesa patológica a ser notada, tão precocemente quanto os 3 meses de idade. Trata-se de um evitamento maciço, para o qual o bebé faz uso de todos os seus sistemas disponíveis. Como forma de defesa, pode estar presente em todas as crianças, inclusivamente nas de desenvolvimento global normal. Mas uma tendência maior para o evitamento é sempre sinal de dificuldades na relação entre mãe e filho, e o evitamento total, como nestes bebés, indica que esta defesa deu azo à instalação de um processo patológico.

É que, para estas crianças, a percepção dos seus pais era sentida como um estímulo doloroso e negativo que punha em marcha esta defesa contra afectos dolorosos.

No seu estudo, Fraiberg descreve com pormenor um bebé do sexo feminino, de 3 meses. A mãe, deprimida, alternava períodos de relentamento psicomotor com momentos de agitação e agressividade com o seu filho, e dizia «ter medo que o bebé a matasse», evitando-o assim. O bebé nunca olhava para a mãe, não sorria, não vocalizava. Contudo, fazia-o para o pai, e por vezes, para o observador.

O «congelamento» e imobilização psicomotora constituem uma defesa biológica contra um perigo eminente extremo, que se encontra em comportamentos humanos e animais. Mas, como defesa patológica foi observado neste grupo de crianças, a partir dos 5 meses.

Na descrição de uma menina de 5 meses, narrava-se a situação angustiante videogravada de uma criança que, durante vinte minutos, permaneceu imobilizada no olhar, quieta, com aspecto aparentemente tranquilo, na presença da mãe, que também não a olha. No final desse tempo, o bebé começou então a chorar, e a sua rigidez deu origem a uma desorganização motora. Então, o choro aumentava de intensidade e «a criança parece desintegrar-se pelos seus olhos», nas palavras do observador. Durante este período final, o bebé não buscava conforto na mãe e nem a olhava sequer (evitamento).

Noutro caso clínico, uma menina de 16 meses está quase quarenta minutos num registo em tudo semelhante a este descrito. Esta era a única filha de uma mãe jovem, heroinómana, habitando um espaço onde várias vezes todos os adultos estavam sob o efeito de drogas, num universo de total desreferência e desamparo.

A «luta» foi observada num grupo de crianças trazidas à observação deste programa no decurso do seu segundo ano de vida. Vinham essencialmente por problemas graves de comportamento. Rapidamente houve também oportunidade de verificar que, além destes aspectos, todas estas crianças tinham vivências ansiosas, incontroláveis durante o espaço da noite, acrescentando queixas importantes de sono. De igual forma, foi também verificado que todas elas evitavam as suas mães, embora estas não o considerassem assim.

Um menino de 13 meses trazido à consulta era descrito como «provocador e negativista». Lutava contra a sua mãe, opondo-se a ela sistematicamente. Num episódio em que parecia vencido nesta luta desigual, tem um súbito acesso de raiva: deita-se no chão, grita, esperneia, rebola-se até à exaustão, levando dez minutos para sair deste estado. No final, é como se fosse outra criança, completamente transpirado, parecendo ter sucumbido a um estado de intensa desorganização.

Este grupo de crianças não mais fazia do que lutar energicamente contra a sensação de indefesa e desamparo, e de dissolução do sentimento de «self».

A «transformação de afectos» foi descrita neste grupo em crianças entre os 9 e os 16 meses, e foi desde logo interpretado como uma defesa contra uma ansiedade intolerável em que os bebés estranhamente transformam afectos intensamente dolorosos em afectos de prazer.

Como no caso clínico de um menino de 9 meses, com um evitamento maciço, filho de uma mãe de 17 anos, com uma depressão clínica. Na altura da observação estava ao colo da sua mãe que lhe oferecia o biberão. Subitamente, a mãe inicia um «jogo», que repetiria várias vezes durante a mamada, em que retirava bruscamente o biberão, e deixando cair à distância algumas gotas de leite para a boca do bebé. Então, incrivelmente, o bebé ria e mexia os pés com grande excitação, parecendo um parceiro entusiasta de um jogo de características sado-masoquistas. Esta era uma criança negligenciada, referida à observação por má progressão estato-ponderal e privação alimentar.

A «reversão» era descrita no sentido da auto-agressão. O bebé em que esta defesa foi mais precocemente identificado tinha 13 meses no momento da avaliação; de qualquer forma, Spitz já tinha descrito situações semelhantes em crianças de orfanatos com 8 meses.

A questão da dor, e do limiar da estimulação dolorosa poder funcionar como limite a este tipo de acção, não se mostrava importante nas descrições destes casos. De facto, as crianças pareciam não sentir dor, mesmo quando as situações de agressão eram intensas. Neste estudo era descrita uma criança que se agredia violentamente na cabeça e outra que arrancava unhas, ficando aparentemente tranquila olhando-as em sangue no chão.

É grande a importância de estudos como este para uma intervenção psicossocial preventiva de situações futuras graves. O aumento da incidência de casos de extrema desagregação familiar, com abandonos ou maus tratos precoces de crianças desde idades baixas, relembra bem a utilidade do reconhecimento das marcas de sofrimento psicológico em primeira infância, bem como a importância da intervenção precoce, antes do momento zero. É mentira dizer-se que estas são áreas em que hoje se sabe pouco e, por isso, só se pode actuar pouco. É mentira. Só a ignorância a justifica.

OLÁ, VIDA

O reforço e ajuda aos pais perante situações de risco é fundamental. A descrição da primeira observação deste bebé relembra-nos isso, tal como a importância do reforço dos aspectos saudáveis das competências para a transformação e consolidação evolutiva. A convicção na força do desenvolvimento e na excepcional capacidade de adaptação das crianças é para nunca esquecer.

A Filipa tinha um mês e meio na altura da primeira consulta. São os pais que a trazem, a conselho do médico de família, por dificuldades da relação da mãe com a criança. É a primeira filha de pais novos. Dizia a mãe:

«Ela nasceu com problemas. Teve que fazer reanimação porque engoliu líquido amniótico e foi transferida para outro hospital.»

A mãe conta então que só viu a sua filha ao quarto dia de vida, quando ela própria foi transferida para o mesmo hospital onde o bebé permanecia na Unidade de Neonatologia. São então ambos os pais que dizem:

«Sempre quisemos ter um filho [...]. Não queríamos é que nada lhe acontecesse.»

A mãe teve alta ao quinto dia e a filha manteve-se internada mais duas semanas:

«Estava ligada ao ventilador.»

No dia em que a mãe teve alta e quando regressava a casa com o pai, depois de visitarem a Filipa, têm um acidente de automóvel. O pai fez traumatismo crânio-encefálico e fractura da clavícula. É então transportado para o mesmo hospital onde estava a filha, tendo ficado aí internado dois dias, sendo depois transferido para um outro, em Lisboa. A mãe desdobra-se entre as visitas a hospitais diferentes; permanece neste regime mais três dias, altura em que o marido teve alta e puderam ambos continuar a visitar a Filipa.

Os pais contam esta história com bastante emoção expressa. Diz o pai:

«O que eu agora tenho achado é que o bebé se acalma melhor ao colo de outras pessoas do que dela...»

A mãe escuta o pai, à medida que vai dando o biberão à filha, parecendo muito envolvida nestes momentos. O pai continua:

«Não sei se é por ela demonstrar insegurança, se é por ela gostar de descansar... O bebé é capaz de ficar acordado, à espera de estarmos ali com atenção. Parece que precisa de muito carinho.»

Nessa altura da consulta a Filipa chora, e a mãe parece maçada com isso, tentando tranquilizá-la muito rapidamente.

«E agora faz-lhe muita confusão o bebé chorar.»

A mãe limpa os olhos com lágrimas:

«Tenho pena dela, coitadinha.»

Da história da gravidez, podemos dizer que foi um bebé planeado, muito desejado. Era indiferente o sexo. Souberam que ia ser menina e ficaram ambos contentes. A mãe sentiu o bebé pelo quinto mês e imaginava a Filipa «tão linda como ela é».

Foi um parto em que houve necessidade de manobras de reanimação por sofrimento fetal, o que condicionou um internamento de duas semanas numa Unidade de Neonatologia, com boa evolução clínica.

Quando a vi pela primeira vez, a Filipa tinha um aspecto físico harmonioso, a cara muito rosada. Estava ao colo da mãe, a tomar o biberão. Mamava com vigor e gosto aparente, com os olhos semicerrados. A mãe vai falando, pouco, parecendo muito interessada nela, olhando-a enquanto a segura. O bebé fecha os olhos por instantes. A mãe olha-a e quando ela abre um pouco mais os olhos pergunta-lhe:

«Para onde é que estás a olhar?», e ri.

O bebé faz «eeh», de agrado, mama mais vigorosamente. Diz o pai:

«Não, ela ainda não vê, é muito pequenina.»

«Já olha muito, já olha muito, está aqui a olhar para a mãe», e olha-a de novo, sorrindo. Ri e dá-lhe um beijinho na testa, acrescentando: «Sua marota.»

«É muito esperta, faz coisas para chamar a atenção. Até gosta muito de olhar para a madeira trabalhada da cama onde dorme», continua o pai.

O bebé continua a mamar com vigor. Pára. A mãe tira-lhe o biberão e diz-lhe:

«A minha linda... Então, está cansada? Não pode comer tudo de cada vez, pois não?»

O pai olha para o bebé e depois para nós e acrescenta:

«A gente também não pode comer tudo seguido, não é?», e sorri.

A mãe ri olhando o bebé e diz num tom afectuoso: «Não feches a boca, não», rindo novamente.

No final da mamada o bebé tem um ar satisfeito. Mantém os olhos fechados durante mais tempo. Parece sonolento.

«Come tudo, a minha Filipa. Coisa linda!», diz a mãe.

A Filipa continua a dormir enquanto os pais vão falando das dificuldades que sentiram com ela na sequência dos episódios negativos de que falámos.

«Está mesmo mole», dizem.

A Filipa continua a dormir e a mãe continua a olhá-la. Respira fundo, esboçando um sorriso a dormir, mexe os braços:

«'Tadinha, está mesmo, mesmo querida... E eu aqui tão nervosa...»

A observação e registo de interacção pais-criança é uma prática recente em saúde mental de primeira infância, desenvolvida sobretudo nas últimas décadas a par dos estudos do desenvolvimento psíquico. O termo interacção foi introduzido por John Bowlby, em 1958. Actualmente, assenta na ideia da influência mútua entre o recém-nascido e os pais num processo contínuo de troca e crescimento. Implica a noção do bebé como ser activo na relação, pleno de capacidades desde os momentos iniciais; aliás as competências precoces do feto estão hoje em dia suficientemente estudadas e reveladas, ao ponto de tornarem claro que, desde o próprio período de gravidez, mãe e filho interagem reciprocamente. Também o papel do pai tem sido recentemente mais estudado, e a importância da sua função directa e indirecta está bem demonstrada.

É vulgar discutir-se um registo de interacção na tripla vertente comportamental, afectiva e fantasmática. Atende-se às diferentes modalidades interactivas e às suas características gerais no plano quantitativo e qualitativo; procuram-se compreender factores ligados à própria criança e aos pais, que expliquem diferentes registos. É o que agora tentaremos fazer a propósito do exemplo dado.

A Filipa tinha um mês e meio quando veio à consulta com ambos os pais. No início, encontrámo-la ao colo da mãe que lhe dá o biberão. A mãe parece absorvida nesta tarefa; é o pai quem mais fala espontaneamente neste tempo de entrevista. Sabemos bem da importância da mãe na prestação de cuidados do bebé; é impossível descrever um bebé sem descrever a sua mãe no contexto de uma relação. Neste caso, a mãe da Filipa parecia suficientemente absorvida na tarefa de cuidar do seu bebé para concentrar a atenção no observador.

Donald Winnicott introduziu há mais de quarenta anos, a noção de «preocupação maternal primária», justamente como um período que se inicia no final da gravidez e se mantém durante os primeiros tempos de vida, e em que a mãe desenvolve uma grande sensibilidade ao seu bebé, numa forma inconsciente de estar e de se relacionar intensamente com ele, como que dirigida e concentrada exclusivamente nessa vivência.

A mãe da Filipa aparece-nos envolvida na tarefa alimentar, a principal durante os primeiros tempos de vida para o estabelecimento de uma interacção e também de uma vinculação. A zona oral é a principal zona erógena do recém-nascido, e a alimentação excede o lado puramente fisiológico. Ela é expressão de diferentes conteúdos, fornecendo ao bebé também uma nutrição psíquica, apaziguando tensões, necessidades, permitindo-lhe ser olhado, pegado, contido, amado. É o principal sustento da vida psíquica do bebé durante estes primeiros tempos.

Durante a mamada, a Filipa altera os seus estados de vigília, tornando-se progressivamente mais sonolenta. Percebemos igualmente como estas variações são também mensagens comunicativas. Por exemplo, quando a Filipa chora no final da alimentação, parecendo incomodada, os pais respondem mudando-a de posição, dando-lhe palmadinhas, fazendo-lhe festas até que ela acalme.

Do ponto de vista da interacção comportamental, poderíamos destacar a observação de registos corporal, visual e vocal.

A Filipa permanece ao colo da mãe quase todo o tempo da entrevista. Parecia bem, havendo variação neste aspecto sempre que o bebé exprimia desprazer. Este «diálogo tónico» permanece essencial para que as funções de «holding» e «handling» descritas por Winnicott cumpram as respectivas tendências do «eu» de integração e personalização.

Ao longo do que descrevemos, notamos igualmente como o contacto visual aparece como registo interactivo. Sabemos bem como a reciprocidade desse contacto por parte do bebé é importante para a mãe, sobretudo quando vulgarmente acompanhada do sorriso, a partir do primeiro mês. A mãe da Filipa fixa quase sempre nela o olhar, ao longo deste período. Vemos como responde com agrado dizendo-lhe «Para onde é que tu estás a olhar?» e sorrindo quando repara que o bebé também a olha. Esta modalidade de contacto adquire um relevo especial durante a mamada.

O registo vocal é um terceiro factor habitualmente observável numa interacção comportamental. Serge Lebovici, pedopsiquiatra francês, fala-nos deste cordão umbilical acústico que liga mãe e bebé, favorecendo um sistema de vinculação, com aproximações e distanciamentos espaciais, sendo fonte intensa de expressão de afectos de ambos os intervenientes. Pela sua linguagem de choro, gritos, sons de prazer, o bebé exprime não só necessidades, como também estados emocionais. Mais do que um conteúdo semântico, são as variações do timbre, entoação, ritmo que permitem a riqueza destes momentos.

São múltiplas as descrições destes aspectos no caso da Filipa; sucessivas vezes vemos como a mãe comunica verbalmente com a sua filha, num tom muito afectuoso e de agrado, e como usa este canal para responder a estímulos veiculados num outro canal diferente pela Filipa. Por exemplo, o bebé respira fundo, a mãe diz-lhe «pronto filha, pronto fofinha». Depois, tosse, bolsa, a mãe responde «ó amorzinho, pronto, dá cá isso a mim». Destacamos assim como, para além de uma série de comportamentos universais de uma intuição parental, a mãe exerce a sua maternalidade em muitos momentos.

A par de todos os comportamentos objectivamente observáveis, toda esta interacção é envolvida por um intenso clima emocional. É a observação destes aspectos que designamos por interacção afectiva. Esta é descrita como sendo particularmente rica nos primeiros tempos de vida, onde entre pais e filhos saudáveis tudo é pretexto para comunicar esse afecto positivo. A harmonização destas boas experiências emocionais constituem-se na base para a construção do aparelho psíquico do bebé.

O bebé experimenta o mundo dos afectos e muda os seus estados de tensão conforme a percepção deste mundo exterior assim veiculado. Mesmo que durante os primeiros meses esta troca se vocacione com base na procura de uma homeostasia, é ela que permite a emergência de um sentido de «self» sem o qual um funcionamento psíquico não se poderá construir. De igual forma, é a repetição e continuidade destes momentos que permitem ao bebé funcionar com um «eu», isto é, com a capacidade de se sentir continuamente a existir.

Estas primeiras experiências são essencialmente hedónicas, isto é, de prazer e desprazer, e vemos como neste caso da Filipa isso é nítido. Vemos ainda como é recíproco: se o bebé é capaz de despertar diferentes sentimentos e emoções na sua própria mãe, esta também está apta a contê-los e a devolvê-los filtrados e com outra possibilidade de serem pensados. Neste aspecto, destacamos por último o papel do pai no suporte que exerce sobre a mãe nestes momentos, como já atrás referimos.

Havia mais exemplos neste nosso registo. Por exemplo:

— A mãe levanta o bebé, olhando-o e sorri dizendo «I love you».

— Depois de chorar, o bebé parece mais tranquilo ao colo da mãe e faz «Ah» com grande satisfação. Todos riem. A mãe repete «Ah» e ri.

— O bebé parece não querer mamar mais. A mãe tira-lhe o biberão da boca e diz-lhe «o meu bebé, então, está cansado? Não pode comer tudo de cada vez». O pai olha para o bebé, depois para a mãe e acrescenta «a gente também não pode comer tudo seguido, não é?»

O último aspecto que se pode salientar surge pela interpretação deste material clínico. Diz respeito aos diferentes cenários pré-conscientes ou inconscientes da vida mental, e constituem a designada interacção fantasmática. Nesta, os pais projectam no bebé as suas próprias imagens masculina e feminina, nomeadamente as originárias do seu próprio desenvolvimento infantil. É neste campo que se jogam as influências da própria vida psíquica dos pais no seu bebé. Os aspectos assim registados permitem um trabalho de compreensão do inconsciente que os motiva. É justamente uma análise a este nível que pode permitir a percepção da distorção de padrões interactivos, abrindo espaço à necessidade de uma intervenção terapêutica.

Foi o que se passou com a Filipa e os seus pais. Existiram factores de risco em ambos os elementos, força de circunstâncias adversas de vida. As complicações peri-natais ditaram um internamento do bebé durante quinze dias, com a necessidade de transferência para uma Unidade de Neonatologia de outro hospital. A mãe, internada por problemas decorrentes do parto, só tomou o primeiro contacto com o seu filho ao quarto dia de vida. É nessa altura que se dá o acidente de viação que provoca o internamento do pai, fazendo que a mãe fique sozinha na tarefa de um desdobramento à assistência do marido e filho. Deparamos assim com uma mãe jovem, que nos primeiros tempos após o nascimento de um filho vê aproximar-se o fantasma da separação, da doença e da perda.

Vimos que o registo desta interacção nos pareceu quantitativamente rico, com o predomínio de uma tonalidade emocional de prazer, mas também de ansiedade, aparentando por vezes existir um padrão de sobreenvolvimento do ponto de vista do envolvimento psicológico e da tonalidade afectiva.

Felizmente que estas dificuldades, «fantasmas» como lhes chamou Selma Fraiberg, eram visitas rápidas. Os pais procuraram aliados e conseguiu-se um clima de boa ajuda. Contactados algum tempo depois, mostraram-se agradados pela forma como a consulta parecia ter tranquilizado as suas questões, e descreveram-se reforçados no seu papel de «bons pais» que pareciam colocar em questão.

TODAS AS MÃES

As mães serenamente dando tudo.

As mães ternamente esperando nada.

As mães sempre amando os filhos.

As mães sem os seus filhos sentindo-se tão pouco.

Os filhos sem mãe dolorosamente vivendo, avidamente procurando até encontrarem.

A impossibilidade verificada de pensar uma criança sem simultaneamente pensar a sua mãe.

Os filhos sendo, de início, quase só aquilo que as mães souberam ou puderam dar.

Os filhos-bebés tudo engolfando, a cabeça das mães completamente por eles preenchida.

Mães amores-perfeitos, bebés bem-me-queres na primavera dos afectos.

Mães pelo corpo ligando, envolvendo, pegando, lembrando.

Mães pelo corpo dando espaço, criando, libertando, dizendo adeus. Todos os movimentos possíveis, em diferentes etapas da vida, muitas etapas da vida e os seus movimentos só são possíveis pelo que um corpo, um corpo com outro corpo, dois corpos, permitem.

Mães chamas de velas sempre à noite acesas, luz Sol durante o dia aquecendo.

Mães-mães e mães-pai, «este é o teu pai, meu filho, tu és o amor dele por mim», «pai, este é o teu filho, contigo e por mim ele há-de lembrar-se disso».

Mães a outras mães deixando os seus filhos, custa tanto isso como no primeiro dia do jardim de infância. «Será que ele fica bem sem mim?», é sempre mais a pergunta «será que eu fico bem sem ele?» Mães a elas regressando, a outros distribuindo, com tantos repartindo.

Mães naturalmente hesitando, também a outras perguntando, com os pais contando, com tudo aprendendo e tudo ensinando, como o que antes da escola já se sabe.

Mães-professoras da vida, sabedoria das outras mães transmitindo.

Mães com três letrinhas apenas a maior palavra que do mundo tens.

Mães arco-íris, paletas das cores de muitos desenhos «então esta eras tu?, boa!»

Mães perguntadoras, mães ouvidos, mães de intuir o mundo dos filhos como ninguém, mães de não prender os filhos só no seu mundo de mais ninguém. «Foi boa a escola? Sim, podes convidar o teu amigo para cá vir lanchar. Pois, vai com o teu pai ao futebol.»

Mães amadas, mães amantes, mães dos seus filhos modelo, mães que fecham uma porta para que os seus filhos outras abram. E depois, filhos amados, filhos amantes, filhos esquecendo as mães e outras procurando, «é a vida», dizem eles então. «A que horas voltas?» «Mãe, esteja descansada.»

Mães boas, mães más, mães assim-assim, mas sempre mães.

Mães tempo depois revivendo a tarefa de serem mães, saudosamente rindo da ingenuidade das novas mães, mães filhas agora já mães, filhos antes filhos agora já pais.

Mães então para sempre recordadas na mais terna das lembranças.

Mães vida, mães luz que não morrem nunca porque não podem e simplesmente isso não é possível.

Mães de todo o coração, para sempre no coração.

EPÍLOGO

FINAL
(pequeno tributo a João dos Santos)

Tenho uma esperança que não morre. O desejo universal de um mundo melhor.

Os que na vida cá de baixo foram crianças, quando sobem ao céu é para serem anjos. E na mesma balbúrdia infantil continuam a olhar com os dois olhos, a rir com todos os dentes, a fazerem o que sempre fizeram, afectos de açúcar às cambalhotas por entre rabanadas de vento, cabelos ao ar por entre cervos dos campos sem fim que por lá deve haver.

As coisas fazem-se cá todas na terra, sabemos, mas o céu é uma espécie de lugar pequenino, lugar encantado da poesia mais simples que todos gostavam de fazer, ou então, ouvir. E música, muita música a cobrir tudo o que é espaço de ficar pelo meio.

Sempre se disse que as crianças não morrem. Mas morrem. E há muitas maneiras de o enfrentar. Dizem que Signorelli estava a pintar, noite alta, quando entraram de repente com o corpo do seu filho morto numa rixa. Pediu para o deitarem ali mesmo. Depois, conta-se que toda a noite trabalhou, desenhando pequenos esquiços. Desde então todos os seus anjos tiveram a mesma cara. Anjos de duas maçãs, rosetas de cara feliz, asas de abanar o lume das paixões eternas.

Não faz mal, estão bem, estes do topo do mundo. São crianças. Na terra quanto no céu. Por isso, sozinhos à noite, só homens assim conseguem dormir em descanso e viver a vida inteira que há sempre para lá de cada momento.

Sentimo-nos pequenos. Saudades. Então, parados, olhamos para cima — sim, tem de ser para cima, claro — e lá estão eles outra vez. Agora são estrelas. Todas cá fora para nos lembrarem que só brilham para reinar a um jogo de luz para as nossas noites, candeeiros de Sol em mesas de cabeceira.

Sabem, os anjos não se atacam. Mesmo que alguém um dia quisesse — e vários têm querido — não iam nunca conseguir definitivamente. Porque os anjos são crianças. E nisso, as crianças não se portam mal nem bem. Brincam. Reinam. Da maneira que sempre o fizeram. Porque são como anjos.

A CAMINHO DE UMA UTOPIA

Eis alguns recados para pensar o apoio à sobrevivência psíquica de crianças e adolescentes de risco. Já agora, valia a pena discutir os efeitos de algumas destas ideias:

Retirada da palavra «menor» da terminologia jurídica. Crianças e adolescentes soa melhor. São o caso maior.

Proibição da punição física a crianças e adolescentes.

Aparecimento da figura do Provedor da Criança, com capacidade interventiva isenta e eficaz.

Formação na área psicológica de magistrados do Tribunal de Menores, digo, do futuro Tribunal Infantil e Juvenil.

Legalização da prostituição como actividade profissional, precedida de controle sanitário (doenças sexualmente transmissíveis) e espaço próprio digno. Se possível, com apoio psicológico de grande ênfase no controle da natalidade.

Aumento da idade de responsabilidade criminal para 18 anos (está em 16).

Despenalização do consumo de drogas leves, antecipada de medidas de prevenção desde o momento zero de vida. Prevenir um destino toxicodependente pode começar antes de uma criança nascer, se o problema for entendido como um sintoma de uma perturbação psicossocial.

Despenalização da interrupção voluntária da gravidez, precedida de um debate em que finalmente se fale «da cintura para cima», com toda a ênfase na necessidade de pensar e programar responsavelmente cada gravidez. Porque a maior percentagem de abortos continua a ser como forma de contracepção, o que é triste.

Responsabilização parental que permita a possibilidade de pais responderem juridicamente perante actos dos seus filhos, que mais não são do que sintomas de rejeição e abandono e abuso parental.

Respeito integral da declaração dos direitos das crianças em estabelecimentos residenciais de crianças e adolescentes.

Grau zero de trabalho infantil. Pelo aumento para 18 anos do início em actividade profissional qualificável (está em 16).

Possibilidade das crianças poderem exprimir a sua opinião através do voto, ainda que sem carácter vinculativo, a partir dos 12 anos.

Aumento para 18 anos do estatuto de apoio a famílias de acolhimento (está em 12), especialmente se estiverem em causa situações de irmãos.

Aumento de adopções em tempo precoce, através de um trabalho prévio em grávidas ou famílias de alto risco. Pelo incremento de apoios a famílias adoptantes, com criação de «via verde» de apoio psicossocial gratuito.

Apoio a medidas de controle da natalidade em adultos com perturbações psíquicas graves.

Implementação de uma lei de mecenato social, que permita o incremento do apoio económico a instituições que trabalhem nas áreas da protecção infantil.

Construção de um pacto televisivo de maior controle do uso maciço de imagens violentas. Controle da exposição abusiva de crianças e adolescentes em programas dos mesmos temas. A favor da responsabilização dos pais, pelo menos dentro de certos horários. Contra o V-chip.

Regresso em força das escolas técnico-profissionais, ou de artes e ofícios, como opção possível a partir do final do 1.º ciclo.

Prologamento do 1.º ciclo (ensino primário) para cinco anos, com diminuição da carga horária nos anos seguintes.

Possibilidade de todas as crianças e adolescentes poderem escolher e praticar um desporto, pelo menos a partir dos 6 anos.

Reformulação dos conteúdos programáticos dos currículos de todos os ciclos de ensino, com maior ênfase global nas ciências humanas, artes, ciências sociais, desenvolvimento motor e ateliers de oficinas.

Criação de «Unidades Escolares de Dia», de apoio a todos os que não podem aprender na sequência de dificuldades emocionais.

Avaliação periódica e consistente do trabalho e qualidade relacional dos professores.

Observação e controle de saúde mental infantil e juvenil (observação psicológica) antes da entrada para o jardim de infância e depois para a 1.ª classe, obrigatória como quem toma a vacina. Dói menos e pode prevenir muita coisa. Com direito a «rappel» no final do 9.º ano, a par das orientações vocacionais.

Regresso de unidades de saúde materno-infantis. Grande parte da prevenção em saúde mental é possível através de um bom trabalho comunitário.

Restrição à prescrição medicamentosa de psicofármacos como forma de controlar sintomas sem compreensão do funcionamento individual, familiar e social das crianças.

Descentralização e autonomia da pedopsiquiatria e pelo regresso em força da sua valência comunitária.

Ensino da psiquiatria da infância e adolescência, em cadeira própria, no curso de Medicina.

Criação de um Ministério da Infância e Juventude, com possibilidade de coordenação de medidas entre saúde, educação, justiça e segurança social.

O debate sobre algumas destas utopias mostrariam que somos um País civilizado que, de facto, se interessava verdadeiramente por pensar o melhor para as suas crianças. Ou que, pelo menos, valoriza inequivocamente as que tem.

Porque um País também se mede pelo que de verdade, sem hipocrisia, faz pelas suas crianças e adolescentes.

A RE-CRIAÇÃO DA INFÂNCIA

a propósito de um acampamento da Casa da Praia

1.º Dia

E ao primeiro dia criou-se a ideia de infância como um tempo completo de espaços de prazer, brincadeira, férias grandes, uma imagem idealizada que cada um poderia construir.

Aviso:

Para a Colónia de Férias deste ano, é preciso não esquecer levar:

3 t-shirts, 2 pares de meias, 3 cuecas, 1 fato-de-banho (se tiver muda, melhor), 1 camisola quente, 1 fato-de-treino (se tiver), 1 par de calções ou de calças, 1 ténis (ou 1 par de sapatos fechados, tipo prático), 1 chinelos de praia (se tiver), 1 creme Nivea (ou parecido), 1 lanterna, 1 boné ou chapéu, 1 toalha.

Os pais podem telefonar para lá, se quiserem.

Obrigado e até ao nosso regresso.

2.º Dia

E ao segundo dia foi a vez de se perceber como era útil cada criança ser notada, para sempre guardada sob o olho de um adulto que dela gostasse.

Olá meninos! Vou tirar uma fotografia ao grupo!

Vá, cheguem-se cá.

Aí não, não pode ser, está o Sol de frente.

Sim, boa ideia, aí está bem.

Olhem para aqui.

Miguel, chega-te ao Zé.

Bruno, está lá quieto. Ponham-se um bocadinho mais perto. Tem de ser.

Vá lá, então Rita, não queres ficar? Não? Está bem.

Atenção, vou tirar... É agora.

Bruno, deixa o André. Não façam isso.

Estão muito giros. Agora, toca a rir. Digam «tchiii»...

Esperem, esperem, vem lá a Sofia.

Atenção, mais uma vez...

Um, dois... dois e meio... e... três!

Já está.

Guardei-vos a todos.

3.º Dia

E ao terceiro dia pensou-se na necessidade de todas as crianças poderem ir à escola e aí aprenderem o que fosse preciso para melhor brincarem com o mundo.

Sou o Lagartixas. Chamam-me assim. De verdade, sou o Ricardo. Tenho 7 anos, ando na 1.ª classe da Escola 60. Já sei ler e escrever mais ou menos. A minha professora chama-se Olga. Tenho força, meço 1,26 metros e peso 26 quilos. Os meus cabelos são castanhos e os olhos são verdes. A minha mãe chama-se Isabel e o meu pai é Joaquim e trabalha numa loja. Estou de férias na Praia de São Pedro e quando crescer quero ser jogador de futebol como o Figo.

Olhem, e vocês também sabem aquela música dos miúdos que está sempre a dar?

«Mmm bop, ba duba dop
Ba du bop, ba du dop
Ba du»

Pronto, quem quiser pode escrever-me:

Lagartixas
Bairro do Casal Vermoil
(Não sei o código postal)

4.º Dia

E ao quarto dia descobriu-se como era engraçado deixá-las ver o mundo de cima para baixo, como quem se eleva a um local muito especial.

Foi nessa excursão de crianças que trepou pela primeira vez ao Cristo-Rei. Alguém explicou tudo, enquanto eles escreviam assinaturas no parapeito, depois de descobrirem que o monumento não tinha pés.

Ouviu falar do rio, de bairros da cidade, do Palácio da Ajuda a Santa Engrácia:

— Vista daqui a corrente parece da esquerda para a direita. O que acham vocês? E o comboio, afinal quando é que está pronto?

Ninguém ouviu.

Depois, o elevador baixou. E António, muito metido naquele ar de pintarola, trouxe para a mãe o postal mais bonito que uma moeda conseguiu comprar.

5.º Dia

Ao quinto dia acharam melhor que cada criança merecia um lugar único no coração de alguém que soubesse tão bem rir quanto chorar, se fosse preciso.

Mal o autocarro dobrou a esquina à Junqueira, a avó de Zé Fogaça não aguentou o desgosto, e pôs-se em casa à velocidade de quase cinquenta anos atrás.

Ajoelhou-se a custo — a artrose era coisa do diabo — e acendeu uma velinha a Santa Rita de Cássia, que a abençoava do topo de um poiso escuro. Rezou bem rezado um responso antigo, e rematou com uma Avé-Maria, que sempre serve para tudo quando se está aflito.

Verteu ainda uma lágrima sincera pelo neto perdido para a Colónia de Férias e repetiu:

— Meu rico menino. Oxalá não se perca mar adentro...

6.º Dia

E a seguir, ao sexto dia, foi a vez de não esquecer a necessidade de lhes dar oportunidade de sonharem com coisas boas, impossíveis sob os quais a outra margem da vida poderia assentar.

Nestas férias tive dois sonhos.

Num eu joguei à bola contra o Barcelona e ganhei sozinho 100 a 0.

O outro foi verdadeiro: deram-me um cão.

O meu cão veio da União Zoófila. Lá oferecem grátis os cães e quando lá fomos eu trouxe um que não era cego e tinha o pêlo todo e isso. As quatro patas também estavam completas.

A minha madrinha quis chamar-lhe Boneco. Foge!

A minha irmã, Snoopi. O meu tio André, Pirata.

Eu disse que ele era meu e eu é que escolhia, e pus-lhe Bobi.

7.º Dia

E ao sétimo dia o mundo surgiu feito à imagem de cada criança e assim se foi construindo e todos acharam muito bem.

Passeio obrigatório durante aqueles dias de colónia infantil é a escalada à Cruz Alta. Trezentos metros, íngremes como quem vai à Lua. Sintra, primeiro, ao longe o mar. Com vento, Lisboa, distante.

Uma lápide colocada no penedo lembra bombeiros desaparecidos num fogo em 66.

Mochila às costas, seguiu sozinho mais outra vez. Levava no bolso o «bilas» favorito mais uns cromos do Son-Goku, e ao peito, a badalar de contente, a medalha de lata a reluzir: «1.º Lugar Gincana».

Quem sobe até ao cimo, arrisca-se a dizer como João Humberto, no crepúsculo daquele último dia:

— Cá de cima o Mundo é tão giro!

PAIS DO MUNDO, OUÇAM-NOS

Aos pais que têm filhos que não são estes que estão aqui, corram para eles, abracem-nos, estimem-nos e agradeçam, por fim. E corram para os filhos dos outros, esses que estão por aí, porque — inevitavelmente — é preciso.

E AGORA

E agora? E agora, mãos à obra. Depois deste livro, crianças e adolescentes como estas continuam à espera. Para elas, provavelmente, nada mudou. Continuam à espera de mais palavras por escrever, casas por construir, livros por ler, pais que queiram saber, vozes por ouvir, pães com açúcar por comer, direitos por cumprir, mãos para tocar.

Crescer tem de ser mais que uma mera questão de sorte.

Não que tencione voltar. Mas, ao fechar estas últimas frases eu sei que valeu a pena. Toda a gente merece uma outra chance, um olhar de frente, uma luta. Porque a vida reserva-nos sempre muitas surpresas, e merece um encontro. O encontro com a nossa própria infância revista nos outros.

Por isso, agora, depois de tudo, o melhor seria mesmo esquecer este livro. Arrumá-lo, dormir sobre ele e, de novo, partir. Pelas cidades, pelas ruas, pelas escolas, pelas famílias, por todos os sítios onde for preciso. Para que este livro encontre então o seu verdadeiro objectivo: simplesmente não ser mais preciso. Porque cada um teria (re)encontrado os seus e, com eles, estaria bem.

E, finalmente, numa noite estrelada, puxaríamos a lua cheia para baixo e, como um gigantesco globo radiosamente iluminado, faríamos que ela, lentamente, passasse suspensa pelos braços de todos os que fosse encontrando. Ao som de uma bonita música, o efeito seria único, como ainda ninguém no mundo viu.

Está nas nossas mãos, e cada um pode fazer qualquer coisa. Mas nas nossas mãos sozinhas, a areia fina escoa-se. Por isso, preciso de ti.

TU NUNCA ME ESQUEÇAS NUNCA

Já não acredito em algumas palavras de mudança, mas eu que não sei muitas coisas, é bem verdade, ainda acredito em ti, no teu andar, nos teus passos, no teu caminho, nesse inseguro desperdício de certezas, pois sei que amanhã essas palavras vazias que te dizem agora serão trocadas por outras, plenas, luminosas, encostadas ao tronco de árvores honestas, gozando a sombra discreta do Sol, luz para a dor, mesmo logo depois do vento ter empurrado as nuvens, a chuva, o Inverno, e serenamente a maré ter subido tão melodiosamente como música para nenhum instrumento, tão vagarosamente repetida que se podia ouvir a noite inteira...

Porque tu, dois olhos, olhaste firmemente, decisivamente, para depois do horizonte e no paredão, pedra junto ao mar, escreveste com a boca, letra redonda, «tu nunca me esqueças nunca» e rodeaste com alívio esse branco abandonado. E é só nisto que ainda acredito, pois não sei mesmo muitas coisas, é bem certo, mas sei bem que o melhor remédio para continuar a viver sem por ninguém ser amado é não morrer sem amar alguém.

BIBLIOGRAFIA

ANDERSON, Robin e DARTINGTON, Anna (eds.) (1998). *Facing it Out. Clinical Perspectives on Adolescent Disturbances.* Tavistock Clinic Series. Duckwoth. London.

BORTNER, M.A. e WILLIAMS, Linda (1997). *Youth in Prison. We the People of Unit Four.* Routledge. London & New York.

BOSWELL, Gwyneth (1996). *Young and Dangerous. The Backgrounds and Careers of Section 53 Offenders.* Avebury.

BOWLBY, John (reeditado 1991). *Loss: Sadness and Depression.* Penguin Books.

BOWLBY, John (reeditado 1997). *A Secure Base. Clinical Applications of Attachment Theory.* Routledge. London and New York.

CASEMENT, Patrick (reprinted 1997). *On Learning From the Patient* Routledge. London & New York.

COREN, Alex (1997). *A Psychodinamic Approach to Education.* Press Sheldon.

DWIVEDI, Kedar e VARMA, Ved P. (1996). *Meeting the Needs of Ethnic Minority Children — A Handbook for Professionals.* Jessica Kingsley Publishers. London and Bristol, Pennsylvania.

FRAIBERG, Louis (ed.) (1987). *Selected Writings of Selma Fraiberg.* Ohio State University Press.

FRANKLIN, Bob (1995). *The Handbook of Children's Rights.* Rotledge. London & New York.

GARBARINO, James (ed.) (1992). *Children in Danger. Coping With the Consequences of Community Violence.* Josey-Bass Publishers, San Francisco.

GARBARINO, James (1999). *Lost Boys. Why Our Sons Turn Violent and How We Can Save Them.* The Free Press.

GREEN, André (1993). *Le Travail du Négatif.* Les Editions de Minuit. Paris.

GREEN, Jonathan e JACOBS, Brian (eds.) (1998). *In Patient Child Psychiatry. Modern Practice, Research and Future.* Routledge, London & New York.

JACKSON, David (1995). *Destroying the Baby in Themselves. Why Did the Two Boys Killed James Bulger?* Mushroom Publications.

KERNBERG, Otto (reprinted 1997). *Borderline Conditions and Pathological Narcisism.* Jason Aronson Int., North Vale, New York, London.

KRAEMER, Sebastian e ROBERTS, Janes (eds.) (1996). *The Politics of Attachment. Towards a Secure Society.* Free Association Books. London.

KROGER, Jane (1996). *Identity in Adolescence. The Balance Between Self and Others.* Routledge. London & New York.

LANYADO, Monica e HORNE, Ann (eds.) (1999). *The Handbook of Child & Adolescent Psychotherapy. Psychoanalytic Approaches.* Routledge. London and New York.

MANNONI, Maud (1999). *Separation and Creativity. Refinding The Lost Language of Childhood.* Other Press. New York.

MENDES, Victor (1997). *Legislação Sobre Crianças e Menores.* Legis Editora.

MENZIES-LYTH, Isabel (reprinted 1997). *Containing Anxiety in Institutions.* Vol 1. Free Association Books. London.

PESTALOZZI, Julia *et allii* (eds.) (1998). *Psychoanalytic Psychotherapy in Institutional Settings.* Karnac Books. London.

RACAMIER, Paul-Claude (1992). *Le génie des origines. Psychanalyse et Psychoses.* Éditions Payot. Paris.

RAWLS, John (reeditado 1993). *A Theory of Justice.* Oxford University Press.

REPORT OF THE GULBENKIAN FOUNDATION COMISSION (1995). *Children & Violence.* Published by Calouste Gulbenkian Foundation. London.

RICHARDS, Val (ed.) (1996). *The Person Who Is Me. Contemporary Perspectives on the true and False Self.* Karnac Books. London.

RICHARDS, Val (ed.) (1997). *Fathers, Families and the Outside World.* Karnac Books. London.

RUSTIN, Margaret e DUBINSKY, Hélène (eds.) (1997). *Psychotic States in Children.* Tavistock Clinic Series. Duckworth.

RUTTER, Michael (ed.) (1997). *Psychosocial Disturbances in Young People.* Challenges for Prevention. Cambridge University Press.

SAYERS, Janet (1998). *Boy Crazy. Remembering Adolescence, Therapies and Dreams.* Routledge. London and New York.

SMITH, Susan C. e PENNELS, Sister Margaret (ed.) (1998). *Interventions with Bereaved Children*. Jessica Kingsley Publishers. London and Bristol, Pennsylvania.

SVEDIN, Carl Goran e BACK, Kristina (1996). *Children who Don't Speak Out. About Children Being Used in Child Pornography*. Radda Barnen — Swedish Save The Children.

STEVENSON, Olive (1998). *Neglected Children: Issues and Dilemmas*. Blackwell Science.

VARMA, Ved (ed.) (1993). *How and why Children Hate. A Study of Counscious and Uncounscious Sources*. Jessica Kingsley Publishers. London and Bristol, Pennsylvania.

VARMA, Ved (ed.) (1997). *Violence in Children and Adolescents*. Jessica Kingsley Publishers. London and Bristol, Pennsylvania.

VIDAL, Joana Marques (coordenação) (1998). *O Direito de Menores. Reforma ou Revolução?* Edições Cosmos e SMMP (Cadernos da Revista do Ministério Público). Lisboa.

VOSTANIS, Panos e CUMELLA, Stuart (ed.) (1999). *Homeless Children. Problems and Needs*. Jessica Kingsley Publishers. London and Philadelphia.

WADE, Jim e BIEHOL, Nina (eds.) (1999). *Going on Missing. Young People Absent from Care*. Wiley.

WADELL, Margot (1998). *Inside Lives. Psychoanalysis and the Growth of Personality*. Tavistock Clinic Series. Duckworth, London.

WARD, Adrian e MC MAHON, Linnet (1998). *Intuition is not Enough. Matching Learning with Practice in Therapeutic Child Care*. Routledge, London and New York.

WILLIAMS, Gianna (1997). *Internal Landscapes and Foreign Bodies. Eating Disorders and other Pathologies*. Tavistock Clinic Series. Duckworth.

WINNICOTT, Donald (reeditado 1997). *Deprivation and Delinquency*. Penguin Books.

WINNICOTT, Donald (reeditado 1992). *Human Nature*. Free Association Books. London.

ZULUETA, Felicity de (reeditado 1996). *From Pain to Violence. The Traumatic Roots of Destructiveness*. Whurr Publishers.

Pedro Strecht

Nasceu em 1966.

É médico de Psiquiatria da Infância e da Adolescência em actividade privada.

Trabalhou na Equipa-2 do Dep.º de Pedopsiquiatria do Hospital de Dona Estefânia de 1992 a 1997.

Foi professor do Ensino Secundário Oficial e Particular de 1986 a 1991.

Supervisor da Comissão Regional de Lisboa do Projecto de Apoio à Família e à Criança, 1995.

Breves estágios na *Tavistock Clinic*, *Brent Adolescent Centre* (Londres), 1995, e na *Mulberry Bush School* (Oxford), 1996 a 1999.

Desde 1997 é também médico do Centro de Estudos Dr. João dos Santos «Casa da Praia» e da Cooperativa «A Torre».

Em 1999 iniciou colaboração com o «Chapitô» – Escola Técnico-Profissional de Artes e Ofícios e na Associação «Questão de Equilíbrio».

É colaborador da revista *Pais & Filhos*.

Publicou os seguintes livros:

— *Álbum de Recordações*, com Filipe Condado, 1993.

— *Histórias de Ouvir e Dizer*, 1993.

— *Recados do Tempo do Menino Jesus*, 1994. Editado pela Assírio & Alvim em 1998, com desenhos de Pedro Proença

— *Para uma Escola Feliz*, 1995.

— *Crescer Vazio*, 1997. Editado pela Assírio & Alvim em 1998.

Colaborou nos livros de Daniel Sampaio *Voltei à Escola* (1996) e *Vivemos Livres numa Prisão* (1998).

COLECÇÃO PENINSULARES / ESPECIAL

A Internacional Comunista, Dominique Desanti
Os Lusíadas, romance de Manuel da Silva Ramos e de Alface
Dissidência e Nova Filosofia (antologia),
organização de Manuel Maria Carrilho
Elementos para a História do Movimento Operário em Portugal,
1820 a 1975 (2 volumes), Ramiro da Costa
Nacionalismo e Modernismo / de Homem Cristo Filho
a Almada Negreiros, Cecília Barreira
Dylan Thomas, Consequência da Literatura e do Real na sua Poesia,
Joaquim Manuel Magalhães
Empirismo Hereje, Pier Paolo Pasolini
A Causa das Coisas, Miguel Esteves Cardoso
Origens Orientais da Religião Popular Portuguesa, Moisés Espírito Santo
Heterodoxia (I e II), Eduardo Lourenço
Livro de Bem Comer, José Quitério
Os Meus Problemas, Miguel Esteves Cardoso
Se não Sabe Porque é que Pergunta?, João dos Santos, João Sousa Monteiro
Magalhães do Pacífico, Edouard Roditi
Fontes Remotas da Cultura Portuguesa, Moisés Espírito Santo
Nova Teoria do Sacrifício, Teixeira Rego,
apresentação de Pinharanda Gomes
Arabesco (da Música Árabe e da Música Portuguesa), Adalberto Alves
Por Terras de Portugal e da Espanha, Miguel de Unamuno
Eu Já Posso Imaginar que Faço, Carlos Amaral Dias, João Sousa Monteiro

A Religião Popular Portuguesa, Moisés Espírito Santo

As Minhas Aventuras na República Portuguesa, Miguel Esteves Cardoso

Às Avessas, Vasco Pulido Valente

Eu Agora Quero-me Ir Embora, João dos Santos, João Sousa Monteiro

Estudos e Controvérsias, Teixeira Rego,
organização de Pinharanda Gomes

O Mosaico Fluido, Modernidade e Pós-Modernidade na Poesia Portuguesa Mais Recente, Fernando Pinto do Amaral

Teoria Clássica da Dedução, M.S. Lourenço

Último Volume, Miguel Esteves Cardoso

Retratos e Auto-Retratos, Vasco Pulido Valente

Histórias e Curiosidades Gastronómicas, José Quitério

Portugal Visto Pela Espanha (Correspondência Diplomática), Ana Vicente

A Revolução Portuguesa e a sua Influência na Transição Espanhola (1961-1976), Josep Sánchez Cervelló

No Caminho Aberto, Hôgen Daidô

A Metáfora do Coração (e outros escritos), María Zambrano

Franco e Salazar: as Relações Luso-Espanholas Durante a Guerra Fria, Juan Carlos Jiménez Redondo

Ir à Índia Sem Abandonar Portugal, Agostinho da Silva

Vida Conversável, Agostinho da Silva

A Loucura da Normalidade, Arno Gruen

A Chama Dupla / Ensaio sobre Amor e Erotismo, Octavio Paz

A Bacia Hidrográfica do Côa, Carlos Alberto Marques,
apresentação e notas de Pinharanda Gomes

O Anti-Édipo, Capitalismo e Esquizofrenia, Gilles Deleuze e Félix Guattari

Olhando para Trás vejo Pascoaes, Maria da Glória Teixeira de Vasconcellos,
introdução de António Cândido Franco

A Traição do Eu, Arno Gruen

A Serra da Estrela / Estudo Geográfico, Carlos Alberto Marques,
apresentação e notas de Pinharanda Gomes
O Vírus Balcânico / O Caso da Jugoslávia, Stevan Niksic
e Pedro Caldeira Rodrigues
Cartas a Teixeira de Pascoaes, Albert Vigoleis Thelen,
organização e prefácio de António Cândido Franco
Crescer Vazio / Repercussões Psíquicas do Abandono, Negligência
e Maus Tratos em Crianças e Adolescentes, Pedro Strecht
Preciso de Ti / Perturbações Psicossociais em Crianças
e Adolescentes, Pedro Strecht
Os Prazeres de Alfredo Saramago, Alfredo Saramago

ESTE LIVRO
FOI IMPRESSO NA
GUIDE – ARTES GRÁFICAS, LDA

DEPÓSITO LEGAL 140321/99